民营企业对外直接投资的风险研究

区位、行业与技术

袁珮　郭伟　著

中国民族文化出版社
北　京

图书在版编目（CIP）数据

民营企业对外直接投资的风险研究：区位、行业与技术 / 袁珮，郭伟著．-- 北京：中国民族文化出版社有限公司，2025.4

ISBN 978-7-5122-1836-9

Ⅰ．①民… Ⅱ．①袁… ②郭… Ⅲ．①民营企业—对外投资—直接投资—风险管理—中国 Ⅳ．① F279.245

中国国家版本馆 CIP 数据核字（2023）第 214603 号

民营企业对外直接投资的风险研究：区位、行业与技术
MINYING QIYE DUIWAI ZHIJIE TOUZI DE FENGXIAN YANJIU: QUWEI、HANGYE YU JISHU

作　　者　袁　珮　郭　伟
责任编辑　张　宇
责任校对　杨　仙
出 版 者　中国民族文化出版社　地址：北京市东城区和平里北街 14 号
　　　　　邮编：100013　联系电话：010-84250639　64211754（传真）
印　　装　三河市龙大印装有限公司
开　　本　710mm × 1000mm　16 开
印　　张　13
字　　数　188 千
版　　次　2025 年 4 月第 1 版
印　　次　2025 年 4 月第 1 次印刷
标准书号　ISBN 978-7-5122-1836-9
定　　价　70.00 元

前 言

在经济全球化浪潮下，中国民营企业积极“走出去”发展，通过对外直接投资化解贸易保护主义的影响。中国民营企业在长期的生产经营中积累了丰富的资源、人才和资金，但在对外直接投资过程中仍然面临诸多风险。本书基于这一背景展开研究，聚焦于民营企业对外直接投资的区位、行业和技术三个风险维度，以期为中国民营企业的对外直接投资活动提供借鉴。

本书内容包含五部分。第一部分（第一章）为绪论，主要介绍研究背景、意义、方法及创新之处。第二部分（第二章）是对外直接投资的理论综述，对对外直接投资理论进行详细分析和评述。第三部分为理论分析与实证研究（第三、四、五、六章），其中：第三章重点分析民营企业对外直接投资的风险因素，特别是其效率优势及市场和技术寻求的动因；第四章探讨民营企业对外直接投资的区位风险，包括区位选择的变化、宏观风险因素以及风险的评估与规避；第五章、第六章则关注行业资本密度对民营企业对外直接投资的影响以及行业风险的管理。第四部分（第七章）为案例分析，以华为公司为例，剖析了国内民营企业境外投资的动机和原因。第五部分（第八章）为研究结论与政策建议，从民营企业对外直接投资三大风险类型及防范措施两个方面归纳了本书的研究结论，并从国家层面构建全方位的支持与监管服务体系和从企业层面构建全流程的风险管控体系的政策建议。

通过上述研究，我们期望能够为中国民营企业在全球化背景下进行对外直接投资提供理论支持和实践指导，帮助企业家在面对复杂多变的风险时能够做出明智的决策。同时，也为政策制定者提供参考，以推动中国民营企业更加健康、可持续地参与国际竞争与合作。

本书由袁珮（河南城建学院）和郭伟（河南城建学院）撰写。袁珮撰写了第一章、第三章、第四章、第五章、第六章；郭伟撰写了第二章、第七章、第八章。

目　录

图表目录

第一章 绪 论

1.1 研究背景和研究意义

1.1.1 研究背景

中国作为新兴的发展中国家，一直是全球经济一体化主要的支持者和参与者。改革开放后，摆脱束缚的中国企业以惊人的增速实现着“井喷式”的增长，国内市场一片繁荣，成长后的中国企业在国家“走出去”的发展战略的指引下，越来越多地把目光关注于国际市场，对外直接投资规模明显提高。随着对外直接投资的发展，中国逐渐由直接投资东道国转变成母国，而促成这种变化的根本原因在于中国自身的发展和企业实力的提高。目前，中国经济进入新常态时期，未来发展迫切需要转变经济增长方式，这也为中国企业的全球化发展提供了可能，对外直接投资活动逐渐变成了中国企业未来发展的重要趋势。

同时也应看到的是，在全球金融危机爆发之后，世界经济环境发生恶化，以美国为代表的发达国家中贸易保护主义开始抬头，试图利用贸易限制、关税壁垒等手段对中国出口的产品进行打压，弱化中国企业的出口能力。这并未阻止中国参与全球一体化的信心和决心，为促进各国共同发展、共同繁荣，中国适时推出“一带一路”倡议，鼓励国内企业“走出去”发展，通过对外直接投资来化解贸易保护主义的影响。在这些对外直接投资的企业之中，民营企业的数量占有绝对优势。这些企业虽然在长期生产中积累了一定的资源、人才、资金等优势，但在对外直接投资过程中仍面临着诸多的风险问题，为了更好地在理论和实践中为中国民营企业对外直接投资活动保驾护航，本书展开了后续的研究工作。

本书依据可以归纳为以下三个方面。

第一，现阶段中国对外直接投资主体并非高效的民营企业，而是在理论上被界定为国企。中国诸多民营企业是市场经济制度下所形成的产物，其在国内市场经济制度的构建过程中得到了快速发展，表现出了明显的优势——产权清晰、运作灵活，这使得民营企业满足了参与国际市场竞争的需要。但中国企业对外直接投资的现状表明：无论是投资规模还是投资区位，国有企业一直处于主导位置。是何种因素制约了民营企业参与国际市场的核心竞争力，这是本书的选题依据之一。

第二，民营企业对外直接投资在行业选择上并不是中国核心竞争力最强的行业领域，而是在中国处于竞争劣势的行业。传统贸易理论指出，国与国的交易与投资形成于比较优势的差距上，林毅夫（2007）把这种差距称为满足本地优势条件的行业。通常来说，优势表现在劳动力资源充足、自然条件优越、资金明显匮乏等方面的行业，即不需要领先技术手段作为支持的劳动力密集型行业应当在中国本土完成产品的生产、加工并进行出口，并不需要对境外实施投资，其原因在于这些行业在国际市场中缺少足够的竞争实力，难以和全球技术领先的行业进行竞争，也无须和利用新型商品与技术的研发来加强技术革新调整行业的国家同台竞争。因此本书试图把技术因素引入国内民营企业对外直接投资问题的分析中，深入研究一国技术发展水平和投资要素禀赋水平是否相适应问题，这是本书选题的依据之二。

第三，民营企业对外直接投资的风险是由来自外部环境以及内部条件因素导致的不确定性。其中由外部环境所导致的风险主要包括东道国的政治环境风险、行业风险、技术风险、市场风险、汇率风险、法律风险、区位风险等；由内部环境所导致的风险主要包括战略风险、制度风险、认知风险等。本书通过对中国民营企业对外直接投资影响因素做深入的剖析，选取了区位选择、行业选择与技术选择风险来作为研究重点，以期对中国民营企业增强国际竞争实力带来借鉴和启发。

1.1.2 研究意义

本书研究的理论意义具体表现在三个方面。

其一，本书明确了国有企业和民营企业对外投资活动存在的异质性，即民营企业相对于国有企业具有产权优势和效率优势，进而分析得到基于经济人假设的效率追逐成为民营企业对外投资的关键动因。

其二，在效率动因的驱动下，民营企业的对外直接投资活动的行为途径就可归结为市场寻求和技术寻求活动，即通过利用新的技术来提升企业的生产效率或通过市场的扩大来寻求资源配置的效率，进而达到企业进一步发展和效率提升的目的。

其三，本书对经典 HMC-FMEC 模型进行修订，将行业进入壁垒、生产效率的跨期提高、出口与对外直接投资两项经济活动的同时进行等因素引入经典 HMC-FMEC 模型前提假设，从而由民营企业视角入手指出基于异质性投资效率所形成的区位、行业、技术风险对对外直接投资产生的影响及影响机理，并且根据三大风险要素存在的关系，明确了民营企业在开展对外直接投资时，将效率作为前提，将技术作为支撑，将产业作为媒介，将区位作为重点的对外直接投资的企业战略模式。

1.2 核心概念的界定

1.2.1 民营企业

20世纪30年代，学者王春圃最先提出“民营企业”这一概念，在其编写的《经济救国论》一书中，首次提出将民间投资经营的企业称为“民营”，并与国民党政府经营的“官营”企业进行区分。他对概念的定义非常精准，获得了大多数学者的认可。1993年，中国正式公文里第一次引入了“民营”概念，由字面意思来看，它指的是“民间经营”，这是和“国营”相对来说的。后来伴随改革开放步伐的加快，公私合营、企业股份制公司的出现，引起了学界对于民营企业定义的讨论，代表型的观点主要有：茅于轼（2001）提出“依据产权属性的差别，将民营经济划分成两大部分，首先是个体经营者，其次是私营经济体”。而王耀中（2004）则从企业的产权特征和本质属性两方面明确指出，“民营经济指的是一些公司产权明晰、获益主体清晰，并且按照市场经济规律进行生产、经营，以实现股东利益最大化作为终极目标的经济组织”。归纳来讲，民营企业主要包含三个特征：（1）由企业运营责任主体的角度加以区分，民营经济指的是民间经营组织形式；（2）从企业所有制视角入手加以定义，民营经济指的是非国有经济；（3）由企业运营责任主体和公司所有制密切融合的视角定义，民营经济指的是民间运营的非国有经济主体。

据此可知，学者们对民营企业的含义从不同的角度加以定义。本书通过了解民营企业特点，综合对外直接投资特征，对民营企业含义做出了如下定义。

(1) 民营企业和私营企业不可混为一谈

纵观经济学领域的研究成果，学者们将“民营”“私营”“国营”等概念均区别开来，所以笔者以为不可将“民营”和“私营”混为一谈。两者相比，民营的范围更加广泛，具体来说包含个体私营企业、非国有股份制企业与集体企业等。

(2) 民营企业和民间投资企业不可混为一谈

“民营”更为关注企业运营模式，“民资”更为关注企业所有制的具体形式。中国在对经济制度进行变革时，一些国企与集体企业为适应市场经济的要求及企业自身的发展，在企业运营模式上做出了创新和调整，使公司运营模式朝着“民营化”的方向发展，所以这种企业也应当归属民营企业的范围。

(3) 民营企业和中小型企业不可混为一谈

由实际经济状况来说，虽然大部分民营企业在从业人员、销售额、资产规模等方面属于中小企业，但也有一批民营企业通过自身的发展经营成长为大型企业，使其具有了很强的发展基础。从企业对外直接投资的视角来说，有能力参与海外投资的民营企业，大部分规模庞大、发展实力强劲，比方说华为公司等。但许多中小型民营企业虽然是跨国经营，然而目的仅仅在于将产品销售至海外，并未进行实质意义上的对外直接投资。

因此，为便于深入剖析，本书中将民营企业定义为：年营业收入高于五百万元的私营企业，并且没有把国有控股企业、集体所有制企业和中外合资企业包含在内。

1.2.2 对外直接投资

依据商务部所做的阐释：“对外直接投资指的是境内企业在境外与香港、台湾、澳门等地区通过实物资产、货币或无形资产的形式直接投资，并且将约束境外与香港、台湾、澳门等区域企业运营管理权作为终极目标的一系列经济活动。”① 依据上述界定，本书认为这一概念包含三个要点：其一，运营控制权。实施对外直接投资意图在于得到境外企业运营管理权；其二，形式多元化。为实现终极目标，企业可利用有形或无形资产参与股份等诸多形式来对外直接投资；其三，投资方向性。对外直接投资指的是境内企业对境外诸多区域企业所做的直接投资。

针对学术界运用较为普遍的 FDI、OFDI、IFDI 等形式，同样可依据上述定义做出分析。国际直接投资（Foreign Direct Investment，FDI）指的是母国投资人为得到东道国公司运营管理权，从而对资金、技术、设施、能源等对外转移的行为。FDI 这一概念强调了实际控制权，并没有清晰地确认东道国与母国之间的方向性。因此同一投资行为对东道国而言是其他国家直接投资的流入（Inward FDI，IFDI），对投资国而言，是直接投资的流出（Outward FDI，OFDI）。OFDI 缩写是 ODI，它的内涵和 OFDI 基本统一。

1.2.3 对外直接投资风险

现阶段，学者们对风险含义所做的界定并未达成统一。学术界因为研究风险问题的视角与对风险的认识存在差别，因此对风险所做的解读不尽相同。通过归纳和总结前人的文献资料，可把风险界定为：风险是不利事件将来出现的不确定性。

上述定义认为风险是一种可能性并产生不利的影响，也就是说，因为受到将来不确定性因素的影响，对企业达成计划目标形成了不良后果或导致企业面临经济亏损的可能。上述对风险所做的界定有四个关键词：其一，将来，风险是对公司将来运营活动与利润形成的影响；其二，不确定性，风险是由于不确定性所形成的，不确定性来源于外部发展环境

① 来源于 2004 年经中华人民共和国商务部第 11 次部务会议审议通过的《关于境外投资开办企业核准事项的规定》。

或者公司本身运营管理问题；其三，计划目标，风险不但体现于对公司利润或业绩形成的影响，而且公司计划目标对风险影响范畴具有决定性影响；其四，影响，伴随风险的滋生，公司运营实际目标和计划目标会出现一定偏离，这类偏离既可能对企业带来正面的积极效果，也有可能对企业经营产生负面不利影响。

通过对风险内涵的分析可以看出：第一，风险源自信息不对称导致的对未来事件认知的缺失（例如：未来事件发生的时间、发生的概率、未来事件的发生对企业经营产生的影响以及影响程度的大小等）。第二，风险意味着与企业决策者预期相反的潜在损失，进而影响企业收益的多少。第三，风险是不随企业决策者和经营者的主观愿望而发生变化的客观存在。企业决策者和经营者可以根据获得、搜寻信息的多少预测和评估风险，并基于此控制和减少风险发生后带来的损失，但无法将风险消除。第四，风险是一个贯穿企业经营活动全过程的动态事件。相对于不同的经营主体，在各个阶段与不同运营条件下，相同类型风险出现概率、影响范畴、影响程度、表现出的特点等均会出现变化，这种动态变化的特征使得风险持续影响企业的生产经营。因此说，风险是一种可能性，并且这种可能性在一定程度上能够被预测和控制。

由此可见，风险是包含诸多内容的概念，不可把它看成单个要素所引发的行为。一般而言，风险可被划分成两种：首先是客观不确定性，其次是主观不确定性。风险所涵盖的这两个部分的差异化对企业对外直接投资十分关键。客观不确定性即客观部分，是指风险客观存在的部分，企业决策者能够对风险可能产生的结果有统一的认知，并且这种结果是不随人的意志和愿望而改变的一种客观存在；主观不确定性，即从企业决策者主观评估的角度进行的理解，企业决策者和经营者能够根据其一定时期内获得的信息为基础，并结合自身的经验对企业投资活动进行预测和评估结果，从而使得这种预测和评价表现出显著的主观特点。企业运营主体与决策主体为确保评价精准可靠，减少预测和评估的偏差，需要不断地搜集更多的信息，对预测和评估的结果进行不断的修正，从而尽可能提高企业投资决策的正确性。从风险的可接受能力来看，即投资者能够并且愿意接受的最大风险，每个企业决策者和经营者会根据自身的风险承受能力以及对待风险的态度调整风险预测和评估的结果。

结合对风险内涵的分析，本书将对外直接投资风险定义为：导致企业对外直接投资投资收益与预期结果产生偏差的可能性，这种可能性会促使企业改变其对外直接投资策略或降低其利润率。

1.2.4 民营企业与国有企业对外直接投资区别

民营企业与国有企业由于在组织形式、产权性质、市场地位等方面存在明显的差异，从而导致两者之间在对外直接投资的影响动机、区位风险、技术风险、行业风险等方面存在着区别。

（1）对外直接投资动机

民营企业对外直接投资的主要动机是寻找境外市场，拓宽商品营销渠道，获取先进技术和战略资产，拓宽融资渠道，以此提升其产品质量和附加值，从而提高产品市场占有份额及市场竞争力；而国有企业对外直接投资具有双重动机，一方面，国有企业对外直接投资具有与民营企业同样的经济动机；另一方面，国有企业对外直接投资还有为国家寻求稀缺资源、加强国际经济合作等政治目的。

（2）对外直接投资的区位选择

民营企业由于其受到国内政治约束较少，通常在对外直接投资的区位选择方面倾向于市场规模较大、战略资源丰富、政治相对稳定的国家和地区；而国有企业由于其特殊性，更多的是考虑国家战略，倾向于选择自然资源丰富的国家和地区，而对政治风险的敏感性不高。

（3）对外直接投资的行业风险

从经济工业化进程的客观规律和民营企业对比国企在资本与劳动力密集型产业上的力量悬殊可知，国内民营企业倾向于选择劳动密集型行业，并通过拓宽融资渠道、获取战略资源等方式向资本密集型和技术密集型转变，这种发展路径能够规避行业选择所带来的风险。而国有企业由于其自身的国家政治目的、资本优势、技术优势、市场地位优势倾向于选择资本密集型行业，以及关系国家利益和安全的战略性行业。

(4) 对外直接投资的技术风险

对于民营企业来说，选择投资技术水平较低的国家是规避技术风险的一种选择，民营企业通过投资于技术水平较低的东道国能够凭借其技术优势获利，从而导致其技术创新动力下降，因为采取更好的技术使得其产品成本提高进而缩小收益空间。对不具备任何技术优势的西方发达国家进行直接投资，重点是要通过技术溢出效应，利用领先技术手段对母国公司技术发展与创新形成推动效应。在此之中，风险要素取决于母国民营企业对新型技术手段的吸纳与创造能力，如果可以短期之内掌握核心技术手段，那么必然可以在东道国或国际竞争市场里稳固竞争地位。而对于国有企业来说，投资于技术水平较低的国家主要是集中于资本密集型的自然资源行业，面临的技术风险较低。国有企业投资于技术水平较高的国家，其目的是为获取其核心技术并通过借鉴、吸收、再创新提高其技术水平。但是，由于国有企业体制相对僵化，在对先进技术的吸收、创新方面能力较弱，面临着与民营企业同样的技术风险，但因为其有资本、国家政策的支持，所以抗风险能力较强。

由此可见，民营企业在对外直接投资的影响动机、区位风险、技术风险、行业风险等方面更多的是体现的一种市场化的行为。民营企业更多的是以利益最大化作为出发点而实施对外直接投资战略，并自愿承担由此带来的风险；而国有企业进行对外直接投资时，更多考虑的是国家利益、国家战略等方面的因素。因此，本书将民营企业对外直接投资的风险作为研究的主体，从而能够更为客观地反映出市场化行为所产生的对外直接投资的风险。

1.3 文献综述

对外直接投资兴起于19世纪60年代，20世纪进入高速发展时期。经过一个多世纪的发展，对外直接投资已然成为国际经济活动的重要表现形式，并且日益成为各国开展对外经济合作的重要方式和组成部分。国外学者于20世纪50年代开始关注对外直接投资这一经济活动方式，通过不断的研究和发展完善，已形成了完整的理论体系，并且随着社会经济发展的动态变化不断丰富和完善。由于最初对外直接投资的企业主要集中于西方发达国家，所以早期研究的目的在于为西方发达国家实施对外直接投资带来理论指导与参考。Hymei and Kindleberger（1960）提出的垄断优势理论开创了以国际直接投资作为研究对象的新领域，奠定了跨国直接投资的理论基础，使国际直接投资开始成为独立学科。Vernon（1966）设计的产品生命周期理论帮助西方发达国家化解了“顺梯度”投资区位选取问题。Dunning（1977）归纳了其他学者们获得的理论成果，提出了国际生产折中理论。伴随新兴经济体对外直接投资数量越来越大，很多学者们围绕着发展中国家对外直接投资问题做了深入的研究，获得了良好的成效。在此之中，具备典型性的理论包含边际产业扩展理论（小岛清，1978）、小规模技术理论（Wells，1983）、投资发展阶段理论（Dunning，1983）、技术创新产业升级理论（Kaner Will and Toland，1993）等等。这为本书进一步地深入研究奠定了理论基础。本节将根据本书的研究思路，从对外直接投资风险类别、影响要素、风险防控与预警等三大层面入手，对现有文献进行归纳总结。

1.3.1 对外直接投资风险的影响因素研究

西方国家学术界很早便关注对外直接投资领域的研究工作，并将重点放在对外直接投资理论体系研究。近些年，由于国际经济环境日益复杂、国际政治格局不稳定等，国内外学者开始关注于对外直接投资风险的研究。国外学者关于对外直接投资风险的影响因素主要包括政治因素、制度因素、汇率因素、文化因素。

政治因素是影响对外直接投资风险的最为重要的因素。Agarwal（1992）最早实证研究了东道国政治风险对一国对外直接投资的影响，其实证结论显示：东道国政治环境平稳性和吸纳对外直接投资具有明显的正相关关系，即对外直接投资受到东道国政治稳定性的影响。Jinjarak（2007）分别研究了水平型 OFDI 和垂直型 OFDI 与政治风险之间的关系，其结果表明，相对于水平型 OFDI，垂直型 OFDI 更容易受到东道国政治因素风险的影响。王建、张宏（2011）由东道国政府管理视角入手，探究了中国对外直接投资区位选取问题，结论显示：东道国“政策有效性”“贪污腐败控制”等诸多指标和中国对外直接投资表现出明显的正相关关系，“市场环境约束程度”“法律有效性”“政治平稳性”等指标和中国对外直接投资存在的关系并不明显。王海军（2012）的研究表明，东道国具有的政治风险和中国对外直接投资具有明显的负向关系。韩剑、徐秀军（2014）以 2009—2012 年中国对美国对外直接投资数据进行实证分析后指出：美国各个地区的政治倾向对中国企业直接投资美国具备明显的正向影响，且中国企业会优先选择民主党派支持率较高的州进行投资。谢孟军（2015）将东道国政治风险指标纳入 D-S 区位选择模型做了实证研究，结论显示：中国在对外直接投资时更加热衷于投资政治风险较小的国家或地区，发达国家庞大的市场规模和稳定的政治环境对中国对外直接投资有较大的吸引力。张艳辉等（2016）深入探究了东道国十二种政治风险要素对中国企业对外直接投资具有的影响，结论显示：政治平稳与腐败要素对国内企业对外直接投资具备明显的影响。

这几年，伴随新制度经济学的产生，学术界意识到了制度对经济发展具有的关键影响。所以很多学者由东道国制度要素入手，分析了其对中国对外直接投资风险产生的影响。韦军亮、陈漓高（2009）探究了东道国制度风险对中国对外直接投资区位选取具有的影响，结论显示：东道国国家政治风险对中国对外直接投资具备明显的约束作用。宗芳宇等（2012）利用研究东道国制度、双边投资协定对中国对外直接投资区位选取具有的效用，结论显示：双边投资协定能够促进企业到签约国投资，并且双边投资协定能够弥补母国制度支持的不均衡性。刘凯、邓宜宝（2014）利用2003—2012年中国对外直接投资数据，建立了引力模型，做了实证研究，结论显示：东道国制度环境质量与中国对外直接投资存在显著的相关关系。范涛（2014）基于2003—2011年中国对外直接投资数据研究发现：中国对外直接投资总体偏向于与自身制度环境差距较大且制度环境较差的国家或地区，但与中国内部机制环境相差很小的国家，更有利于吸引中国效率寻求型对外直接投资。王永钦等（2014）以中国2002—2011年间的842笔对外直接投资作为样本，研究了东道国政府效率、监管质量、法治水平等六类制度要素对中国民营企业对外直接投资区域选取的影响，结论显示：很多民营企业并不重视合作国家政治制度与发展环境平稳性，而是非常重视政府监督力度、贪污腐败与监管效率等问题，并且尝试着规避法律系统较为严苛的国家。赵蓓文（2015）认为中国企业对外直接投资的区位选择在很大程度上取决于企业投资动机和东道国环境。王恕立和向姣姣（2015）通过Heckman两阶段选取模型与投资引力模型，由母国投资动机与东道国机制制约这两个角度入手，考察东道国的政治、经济与法律制度对不同类型OFDI的投资选择和投资规模的约束作用，其研究表明良好的政权稳定性、政府效率、监管质量和腐败控制是影响市场寻求型和资源寻求型OFDI行为最为关键的制度因素，对其投资规模具有显著的正向作用。陈丽丽、林花（2011）认为，中国资源寻求型公司和战略资产以及市场寻求型对比，选择区位时，对制度要素关注程度明显低得多。

除了政治因素、制度因素，东道国的汇率因素也逐渐成为影响对外直接投资风险的重要因素。汇率水平及其波动都会对一国对外直接投资产生影响。Aliber（1970）的研究表明，由于各国币种的差异以及外汇市场的信息不对称等，导致对外直接投资风险存在差异。此后，Campa（1993）、Blonigen（1997）、Gregory and Mccorriston（2005）、Halmi（2012）、Kun-Ming etc.（2015）均从实证角度研究汇率水平对东道国对外直接投资风险的影响，认为东道国汇率水平的稳定能够减少对外直接投资的风险成本，降低因汇率变动产生的风险，从而吸引对外直接投资。而 Brzozowski（2003）、Rajesh and Barry（2006）、Lukman and Olalekan（2014）、Almukhtar（2015）则从汇率波动的视角进行实证研究，认为较小的汇率波动能够减少对外直接投资的风险。就国内学者而言，刑予青（2003）、罗忠洲（2006）通过构建日元汇率与日本对中国投资两者之间的模型并进行实证分析后发现：日元实际汇率和日本对中国直接投资具备明显的正相关效应。田素华（2008）以汇改后人民币汇率作为研究样本，并将风险变量加入模型进行实证研究，结果显示：人民币汇率对中国直接对外投资具有明显的影响。林远（2015）通过构建四部门博弈模型，分析汇率与厂商投资之间的关系。封福育（2015）通过构建非线性门限回归模型，实证分析人民币汇率波动与外商直接投资之间的关系，其实证结果表明：汇率波动幅度较小的情况下，有利于吸收更多的对华直接投资。

1.3.2 对外直接投资风险类型研究

关于对外直接投资风险类型的研究主要从区位、技术、行业等几个风险类型展开研究。

中国对外直接投资区位选择主要从东道国宏观经济特征和东道国制度两个视角进行研究。何本芳、张祥（2009）基于引力模型进行实证研究，结论显示：交易国家类型、劳动成本等要素是中国企业对外直接投资区位选择最为主要的影响要素。宋维佳、许宏伟（2012）的研究指出，东道国资源充足技术优势、资本开放度、基础设施状况等对中国对外直接投资区位选择具备明显的影响，但薪资水平、区位距离、市场规模等要素对区位选择影响并不明显。陈松、刘海云（2012）利用全球治理指标，选取75个东道国2007—2009年的面板数据实证研究了东道国治理水平对中国对外直接投资区位选择的影响，其结果表明：中国对外直接投资的区位选择倾向于治理水平较低的国家，对外直接投资风险较大，并且与东道国市场规模呈显著负相关关系。王永钦等（2014）以中国2002—2011年间842笔全球范围内的对外直接投资作为样本，研究东道国政治稳定、政府效率、监管质量、法治水平、腐败控制、话语权与问责制等六类制度性因素对中国对外直接投资区位选择的影响。邱立成、杨德彬（2015）实证分析了国有企业和民营企业在对外直接投资区位选择上的不同，研究表明：国有企业倾向于进入自然资源丰富的国家，尤其是发展中国家，而民营企业区位选择则主要受东道国市场规模和战略资产影响。吕萍等（2017）基于中国364家太阳能光伏企业在全球463笔的投资数据对该产业的海外投资布局特征进行分析：产业基础良好省份的企业倾向于投资产业基础良好的国家，而产业基础不完善的东道国会吸引来自产业基础不完善区域的企业投资。

20世纪90年代以来，国际技术溢出问题引起学术界的广泛关注。Kogut and Chang（1991）通过研究国际技术溢出效应，结果显示：对外直接投资是全球技术溢出最为主要的途径，也就是说，利用对外直接投资能够发挥出技术溢出效应，进而显著提升母企业生产效率。之后越来越多的学者关注对外直接投资的逆向技术溢出效应。Fosfuri and Matta（1999）通过剖析对外直接投资决策的古诺模型指出，在出口输送成本是零的状况之下，技术水平滞后的企业仍可采取直接投资的形式参与境外市场。这是由于和西方技术先进的国家在地理区位上较为靠近，能够得到技术溢出，利用技术溢出效应可减少母企业和国外子公司的运作成本。

Diffleld etc.（2009）基于技术应用性与技术拥有性对外直接投资具有的差别，通过实证研究的方式指出了劳动生产率对企业对外直接投资具有的影响，结论显示：这两项要素对技术应用性对外直接投资具有的影响并不明显，但是对技术拥有性投资具有的影响非常明显。Hyun and Jang（2012）验证了比较优势、劳动生产率和对外直接投资具有的关系，结论显示：韩国比较优势与生产率和对外直接投资具备明显的正相关关系。Herzer（2011）利用33个新兴经济体1985年至2006年的数据进行实证研究，其结果发现：对外直接投资能够显著促进全要素生产率。Dhyne and Guerin（2012）也认为对外直接投资对母国存在逆向技术溢出效应。而Bitzer and Kerekes（2008）通过对17个OECD国家内部公司相关数据进行研究后发现：对外直接投资并没有对国内技术发展形成明显的推动作用。

中国很多学者同样也对对外直接投资具有的技术溢出效应进行了深入的研究。刘明霞（2010）通过研究指出，中国对外直接投资对全要素生产率具有明显的逆向溢出效应。仇怡、吴建军（2012）的研究结果表明，中国利用对外直接投资所获取的境外开发资本存量可以为中国提供正向技术溢出效应。但还有部分学者的研究显示中国对外直接投资的逆向技术溢出效应并不显著。刘伟全（2010）指出对外直接投资对技术变革和创新具有的作用并不显著，进出口交易对国内技术革新和进步具有的效应更为明显。张海波、俞佳银（2012）把中国和东亚等诸多新兴经济体对外直接投资具备的技术溢出效应做了对比分析，结果显示：韩国、菲律宾、泰国等诸多国家都呈现明显的技术溢出效应，对中国来说表现得不够明显。欧阳艳艳（2010）由东道国技术革新能力、全球技术传播途径与中国吸纳能力等三大层面入手，总结了十个影响要素并做了实证研究，结果显示：中国国内生产总值、人均收入、东道国开发资本存量等要素对对外直接投资技术溢出影响非常明显，是非常关键的指标。沙文兵（2014）根据跨国面板数据实证研究了东道国要素对中国对外直接投资的技术溢出效应，其结论显示：东道国经济发展程度与创新能力对中国直接对外投资技术溢出效应具有显著的促进作用。付海燕（2014）通过构建对外直接投资与母国技术进步的实证分析模型，并利用10个典型发展中国家和地区的数据做了实证研究，结果显示：新型经济体利用对技术水平较高的国家进行直接投资所获取的技术溢出对技术创新具备明显的推动效应，中国技术开发具备的吸引力对东道国技术溢出影响显著。宋勇超（2015）基于中国2003—2012年对11个国家与地区对外直接投资相关数据，利用建立对外直接投资技术溢出效应理论模型，基于跨省面板数据进行实证分析，其结果表明：不论全国样本还是分地区检验，均存在逆向技术溢出效应，并且各地区均跨越了逆向技术溢出的门限值。蒋瑛、贺彩银（2016）从人力资源门槛角度分析对外直接投资逆向技术溢出对出口技术复杂度的影响机理进行实证分析，结果显示：人力资源在利用对外直接投资技术溢出效应、加快出口技术复杂度提升的过程中存在双门槛效益，随着人力资本水平由低到高，对外直接投资逆向技术溢出对出口技术复杂度的提升作用从不显著到逐步增强，呈现近似“*J*”形的非线性关系。

1.3.3 对外直接投资风险预警与控制研究

风险预警是企业根据外部环境和内部条件的变化，对企业未来的风险进行预测和报警而制定的一系列的管理手段和管理机制。对外直接投资风险预警则是企业通过主动的分析和判断，预测其对外直接投资可能面临的风险，并及时预警，便于企业及早做出应对措施。国外关于对外直接投资风险预警的研究主要集中在政治风险预警和外汇风险预警两个方面。Simon（1982）由学术角度入手深入分析了对外直接投资过程中政治风险早期预警问题，并指出早期预警应达到的四个标准。Agarwal（1992）、Jinjarak（2007）通过研究政治风险对一国对外直接投资的影响，进而提出政治风险的预警机制。Flood etc.（1984）、Fuman etc.（1999）、Asif and Qureshi（2002）则通过构建货币危机理论模型，进而提出对外直接投资汇率风险预警机制。相对于国外学者，国内学者对于风险预警的研究成果比较丰富。刘红霞（2006）基于 COX 回归模型，并结合中国对外直接投资的特点，构建了对外直接投资风险预警体系。而王玉晶（2006）则基于宏观层面的国家风险指标和微观层面的企业经营指标构建了中国的跨国企业风险预警体系。刘勇（2010）以海外工程项目建设风险作为切入点，指出风险预警包括监测、识别、诊断和评价四个阶段。在对风险预警机制的研究方面，陈菲琼（2011）基于 BP 神经网络模型分析中国企业对外直接投资面临的政治风险，并构建风险预警体系。李春花（2013）基于 BP 神经网络与主成分分析法构建中国对外直接投资国家风险预警模型并对预警模型进行模拟应用。

对于风险控制的研究，国内学者基于研究结论提出很多具体的措施。聂名华（2008）、王健朴（2010）、张鹏（2011）等指出通过构建中国企业对外直接投资风险识别和动态预警系统能够及时发现并消除风险隐患，并结合中国的实际情况有针对性地提出了风险防范的措施。张路（2012）以风险控制和风险评价这两个核心问题对境外投资进行研究，在风险控制流程、风险指标设计、风险评价体系构建等方面提出了新的思路。陈立泰（2008）、刘澄、王大鹏（2011）则从企业内部控制着手，主张企业应建立对外直接投资风险管理体系，培养风险管控意识，形成风险管理企业文化。吴来桂（2009）、谢春芳（2011）则指出应该从政府和企业两个层面，通过构建多边合作机制、完善海外保险制度、加强企业内部风险管控能力等多个方面提高对外直接投资风险防范能力。孔德海（2013）系统阐述了中央企业对外直接投资风险管理中的风险辨识、风险分析、风险评价和风险应对等内容，并从外部机制和内部管控提出了具体的策略。朱兴龙（2016）通过对中国对外直接投资面临的风险进行细致的研究与剖析后，认为应当从出台“对外直接投资相关法律”、构建对外直接投资保险制度、建立代位求偿制度等方面加强风险控制。

1.4 研究的思路、方法及内容

1.4.1 研究思路

本书对既有文献资料进行收集、整理，发现学术界有关对外直接投资问题所做的研究重心在于国有企业对外直接投资问题，很少涉及民营企业。并且大多数研究对外直接投资风险问题的思路是由理论角度入手，通过建立风险模型做出辨别与评估，缺少由实操角度入手研究民营企业面临的对外直接投资风险问题，因此本书的研究具备理论价值与实践意义。整体来说，本书采用的研究思路是由民营企业存在的异质性着手，依据其投资动机，辨别对外直接投资过程中最为主要的区位、行业与技术等方面的风险，并基于此进行实证研究，以期对国内民营企业对外直接投资提供参考和启发。

1.4.2 研究方法

本书运用了定量和定性分析相结合、经济理论结构分析和模型演绎法相结合的研究方式，而且采用了计量分析法对构建的理论模型做了实证研究。

(1) 定性分析法

本书基于经济学相关理论与现有的文献资料，根据新新贸易理论做了定性分析，将本书提出的理论假定与推导建立于满足逻辑的演绎推导上。

(2) 模型演绎法

本书基于企业具备的异质性特征，建立了修订的 HMC-FMEC 模型，做了全方位的梳理剖析，提升了实证研究的现实意义。

(3) 计量分析法

本书运用统计学的研究方式，包含数据包络法、非线性回归模型等进行实证分析，论证了数理模型获得的结果，确保研究结果精准可靠，具备较高的信度与效度。

1.4.3 研究内容

本书整体包含五部分：第一部分（第一章）为绪论，第二部分（第二章）为本书的理论综述，第三部分（第三、四、五、六章）为理论分析与实证研究，第四部分（第七章）为案例剖析，第五部分（第八章）为研究结论与政策建议。

第一章是绪论，重点阐述了本书的研究背景、意义、主要概念内涵、可能的创新点等。首先本节着重分析了本书的研究背景和研究意义；其次，对本书的核心概念，即民营企业、对外直接投资、对外直接投资风险等的内涵进行明确的界定，以便于本书开展后续分析和研究；再次，从对外直接投资的影响因素、风险类型、风险预警与控制三个方面对现有文献进行分析。又次，明确本书的研究思路是从民营企业区别于国有企业所具有的异质性入手，根据民营企业的投资动机，进而辨别民营企业对外直接投资最具影响的行业、技术与区位风险等，并作深入的剖析；在研究方法上，运用定性分析和定量分析密切融合、经济理论结构推导和模型检验密切融合、问题分析与对策建议相结合、案例分析等。最后，对本书的结构安排和创新点进行概括。

第二章是理论综述与评析。本章以对外直接投资理论的发展历程为线索，分别从古典国际贸易理论、发达国家对外直接投资理论、发展中国家对外直接投资理论进行详细的表述和分析，其中古典国际贸易理论有“绝对优势说”“比较优势说”、要素禀赋理论；发达国家对外直接投资理论包含垄断优势理论、国际生产折中理论、市场内部化理论、边际产业扩张理论等；发展中国家对外直接投资理论有小规模技术理论、技术地方化理论、产业升级理论。本章通过对现有理论的分析和研究，深入细致地讨论了学者们获得的研究成果和现存理论对本书开展研究的参考价值。

第三章，民营企业对外直接投资风险因素。这是本书的重点章节，首先从对外直接投资的行业、模式、区位、规模等诸多层面入手，分析了国有企业和民营企业对外直接投资的现状，明确了异质性企业对外直接投资的关键因素是效率问题，而民营企业对外直接投资同国有企业的差异在于其效率优势；其次，基于民营企业具备的效率优势，进一步剖析了民营企业对外直接投资的动因，即效率提升主要来自对外直接投资所带来的市场寻求和技术寻求动机；最后通过修订后的新新国际贸易理论 HMC-FMEC 模型，基于效率优先原则，归纳了民营企业对外直接投资动因可能产生的风险主要集中于区位、行业和技术三个方面，进而为后续章节分析三类风险因素的影响原理奠定基础。

第四章，民营企业对外直接投资的区位风险。第四章至第六章重点研究民营企业对外直接投资过程中的区位选取、行业选取与技术选取等方面的风险要素。这一章节首先深入剖析了民营企业对外直接投资存在的区位选取变化，即由早期侧重于选择和中国相邻、制度类似的国家逐渐转变成跨地区、跨国家的对外直接投资，其内在转变动机是通过市场寻求和技术寻求进而达到提升效率的目的；其次，将东道国制度风险、政治风险、经济体制等宏观风险因素加入引力模型，进而识别影响对外直接投资区位选择的风险因素，并以此对中国民营企业对外直接投资区位选择中的技术与市场需求特点进行实证检验；最后针对民营企业对外直接投资过程中的区位风险提出评估方法及规避措施。

第五章，民营企业对外直接投资的行业风险。本章首先通过统计数据对中国民营企业对外直接投资的行业分布特点进行分析，其结果表明中国民营企业的对外直接投资表现出明显的效率优势和关注资金密集型行业的特征；其次，基于企业内生边界理论进行理论模型推导，得出行业资本密度是影响对外直接投资的决定性因素，并基于企业内生边界理论模型对中国民营企业对外直接投资的行业选择进行实证分析；再次，基于波特的五力模型，指出中国民营企业在进行对外直接投资时识别行业风险的具体方法；最后，根据波特五力模型的分析结果，从资源获取、行业竞争和市场效率等三个方面，提出中国民营企业对外直接投资行业风险的防范措施。

第六章，民营企业对外直接投资的技术风险。本章首先将中国民营企业对外直接投资的技术构成分解为体现式技术进步和非体现式技术进步；其次，分别使用DEA数据包络模型中的Malmquist指数和基于内生增长模型的价格指数法测算非体现式技术进步和体现式技术进步，并通过两种技术进步类型对中国民营企业对外直接投资的规模影响进行实证分析，从而间接反映民营企业对外直接投资所面临的技术风险；再次，基于非线性STR模型，以对外直接投资增速作为转换变量，实证分析中国民营企业对外直接投资的非体现式技术进步，即逆向技术溢出效应，进而分析在不同对外其面临的技术风险；最后，根据两种技术进步类型的特点以及对民营企业对外直接投资所面临的技术风险，分别提出中国民营企业对外直接投资面临的两种技术风险的防范措施。

第七章，华为对外直接投资案例分析。本章将华为企业作为研究对象，剖析了国内民营企业境外投资的动机和原因。就区位、行业、技术三类风险做了案例分析，讨论了国内民营企业对外直接投资的过程与现状。

第八章，主要结论及政策建议。本章首先从民营企业对外直接投资面临的三大风险类型以及防范措施两个方面归纳了本书的研究结论，其次提出了从国家层面构建全方位的支持与监管服务体系和从企业层面构建全流程的风险管控体系的政策建议。其中，国家层面主要包括建立国家层面的区位风险评估和防范体系、充分利用双边投资保护条约、改进民营企业对外直接投资审批制度、多渠道解决民营企业对外直接投资的融资难题等，企业层面主要包括构建完善民营企业对外直接投资风险管理组织体系、风险预警与评估体系、培育形成风险管理文化等；最后，对本书研究的不足之处、尚待解决的问题及未来的研究方向进行了展望。

1.5 创新之处

其一，本书对经典 HMC-FMEC 模型进行修订，将行业进入壁垒、生产效率的跨期提高、出口与对外直接投资两项经济活动的同时进行等因素引入经典 HMC-FMEC 模型前提假设，从而由民营企业视角入手厘清了基于异质性投资效率所形成的区位、行业、技术风险对对外直接投资产生的影响及其内在机理。

其二，将民营企业技术构成划分为体现式技术进步和非体现式技术进步两种，并通过这两种技术进步的划分，推进了学术界对民营企业对外直接投资的规模与其所面临技术风险的研究。首先实证分析了两种技术进步对中国企业对外直接投资的线性关系；其次，基于逆向技术溢出效益，以本期对外直接投资规模作为转换变量，构建对外直接投资与非体现式技术进步之间的非线性 STR 模型，并对两种之间的非线性关系进行实证研究，进而优化与改进了中国对外直接投资的理论。

其三，结合引力模型与公司内生边界模型，并将宏观风险因素引入模型，对国内民营企业对外直接投资的区位风险进行实证分析。得到的结论是，国内民营企业区位选择上热衷于发达国家，在行业选择上热衷于资金密集型行业。这一研究结论，使得本书具备较高的理论价值与指导实践意义。

本书的研究思路及研究框架如下图所示：

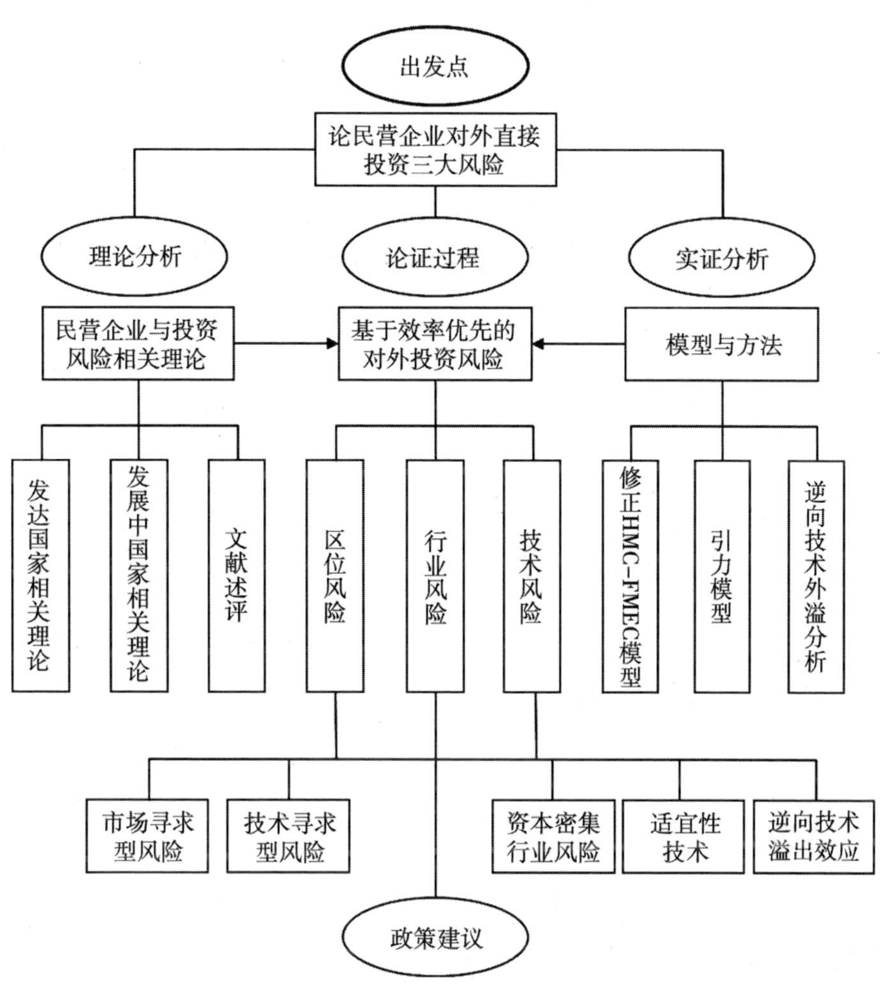

图 1-1 研究思路及研究框架

第二章　理论综述与评析

2.1　古典国际贸易理论

2.1.1　主要学说理论

2.1.1.1　"绝对优势说"

最早对国际经济活动进行系统分析的是英国古典经济学家、现代经济学之父亚当·斯密（Adam Smith）。1776年，斯密在其编著的《国富论》里明确指出："互通有无、物物置换、彼此交易是人们所特有的。"之后的学者基于此提出了传统国际分工理论的"绝对优势说"。在他看来，整个社会生产力上升至一定阶段时，国际劳动分工成为必然趋势，国际劳动分工进一步提高了劳动生产率，随着国际劳动分工的不断深入，使得不同国家在对某些商品的生产上具有了绝对优势，绝对优势的产生成为各国间国际贸易活动的基础。

国际分工产生的基础是由于各国自然禀赋（natural endowment）和可获得优势（acquired endowment）存在差异。自然禀赋主要包括气候、自然资源、土壤条件等，可获得优势主要包括劳动力、资本、生产技术、

原材料供应等。当生产同一单位的同种商品，由于各国间生产技术、劳动力成本、原材料价格等方面的差异，一国生产所消耗的资源少于另一国时，那么本国在这类产品的生产方面便具备了绝对优势。此外，专业化集中生产也能够为某个国家在某种商品的生产上带来绝对优势。

因此，斯密指出各国应结合其真实发展现状，大批量、规模化地生产对本国具备明显绝对优势的商品，进一步扩大其所拥有的绝对优势地位，然后用具有绝对优势的产品与其他国家进行国际贸易，获得本国在生产上处于劣势的产品，从而在国际贸易活动中获利。由此可见，斯密的绝对优势理论认为各国间的国际贸易是互惠互利的经济行为，国际贸易的基础是各国在不同商品上具有的绝对优势。但是，斯密的绝对优势理论无法解释的一个问题就是对于那些不具有绝对优势的国家应该如何参与到国际贸易活动中。

2.1.1.2 "比较优势说"

由于绝对优势理论无法解释不具有绝对优势的国家也同样参与国际贸易活动的现象，英国古典经济学家大卫·李嘉图在系统阐述国际贸易相关问题的基础上对斯密绝对优势理论进行修正、发展和完善，并于1817年提出"比较优势说"（《政治经济学及赋税原理》）。李嘉图指出，在国际贸易活动中，相对于一国所具有的绝对优势而言，比较优势更为重要，即使一国不具有绝对优势地位，仍然可以进行国际贸易活动，并从中获利。李嘉图的比较优势理论强调，国际分工和贸易的产生、发展是由于一国在某种商品的生产上与另一国相比具有相对的优势，即比较优势。在假定资本能够完全自由流动的情况下，由于逐利的天性，资本往往会流向利润率高的行业，但正是由于资本的自由流动，加剧行业内的竞争，使得这一行业高额利润逐渐消失，并最终会趋于其他行业的平均利润率，即使某些企业短期内可以通过改良生产技术、提高生产效率、降低生产成本等方法保持高额利润，但最终也会因为资本的自由流动而丧失高额利润，获得行业平均的利润率。李嘉图的研究还发现，行业利润趋于平均的前提是资本能够完全自由的流动，但现实并非如此。由于资本在一国内和国际的流动程度不一致，使得某些生产效率较高的企业能够在国际贸易活动中获得高额的利润。对于一国而言，由于资本、劳动、原材料等生产要素能够实现在各行业间的自由流动，从而使得行业间的利润趋于平均，促使国内间的商品等价交易；但对于不同国家而言，由于各国在资本流入、流出、行业保护性政策的作用下，国际的资本流动受到限制，从而会使得某些国家在某些行业中能够保持高额的利润率。通常情况下，一方面大多数国家都会直接监督资本的动向，管控资本的流入和流出，从而在一定程度上阻碍了资本在国与国之间的自由流动；另一方面，作为资本拥有者，如果想追求高额的利润，必须要承担比在国内投资更多的风险，比如不同国家的法律法规、监管制度、社会文化等，这就会使得一些资本拥有者更倾向于在国内投资，进而获得行业平均利润率。李嘉图的研究表明，如果资本能够像商品一样在国际自由流动，优化资源配置，使得高额利润消失，资本拥有者只能获得行业平均利润的话，那么商品就能够实现在全世界范围内的等价交换，这对各国消费者而言都是有利的，能够提升全社会的福利。但是，现实社会中，资本无法实现在各国间的自由流动，或多或少地都会受到一些限制。基于李嘉图的研究结论，后来的学者在对国际贸易的理论研究中，都会假定生产要素不能在国与国之间自由流动，以此作为研究的重要假设条件。

2.1.1.3 要素禀赋理论

瑞典著名的经济学家赫克歇尔最先提出要素禀赋理论。这一理论以生产要素作为研究的出发点，指出一种商品的生产效率和生产成本不仅受到劳动、土地、资本等核心生产要素影响，而且也受到其他生产要素以及不同生产要素彼此分配所形成的影响。依据生产要素分配比重的差别，可把产品划分成两种：第一，资金密集型产品；第二，劳动密集型产品。其中，资本密集型产品是指在单位产品的生产中，资金成本对比劳动成本占据的比例非常大，单个劳动人员占据的流通资金与固定资金

数额很高；劳动密集型产品指的是单位产品在生产过程中依附于很多劳动力，对于设施与技术手段等依附度较低，计量的标准为各项生产成本里薪资和设施折旧与技术研发开支对比占据的比例更大。此处提及的“密集型”属于相对而言的概念，各国由于地理位置、自然环境、生产技术、资本等情况有所差别，一些国家资金实力较强，属于“资金充足”国家，一些国家人口相对较多，即“劳动充裕”国家。各国在生产中应充分发挥自身的要素禀赋优势，利用相对丰富的生产要素进行规模化、产业化生产，并且用这些商品与需要用自身稀缺生产要素进行生产的商品进行交换，从而在国际贸易中获利。

由此可见，要素禀赋理论突破了单纯从技术差异的角度解释国际贸易的原因、结构和结果的局限，而是从不同生产要素的配置比例上进行解释。该理论指出，由于生产要素成本比例的不同所导致的商品价格差异性是国际贸易产生的基础，而生产某种商品之所以使用不同生产要素比例，是由于各国生产要素禀赋不同。因此，商品生产过程中使用的生产要素比例不同，是国际贸易形成的重要基础。

2.1.2 古典国际贸易理论简评

15 世纪之后，全球经济体步入了从自然经济转变成商品经济的重要阶段。传统重商主义经济观念依旧处于主导位置，该理论指出唯有资金才是判断某个国家财富状况和发展实力的标准，因此，国与国实施交易旨在获得更多的财富，并且各个国家应该激励出口，约束进口，保持一定的贸易顺差，进而增加国家的财富量。但伴随生产力水平的提升，生产关系出现了明显的变动，古典贸易主义逐渐形成，典型的理论观点包含要素禀赋论、绝对优势论、相对优势论等。该理论认为全球交易出现的原因是国与国生产效率存在差异，无论是绝对优势商品或相对优势商品，都能够将其解读成投入和产出之间的效率问题。要么通过很小的投入创造同等的产出，要么利用同等的投入创造更多的产出。在笔者看来，该理论不但为后期出现的国际直接投资理论发展和完善提供了思想源泉，而且对本书研究民营企业对外直接投资风险具有重要的理论参考价值。

2.2 马克思主义的国际贸易理论

2.2.1 主要学说理论

马克思深入剖析了资本主义生产问题，提出了国际贸易理论。1857年，他在《政治经济学批判》里明确指出，因为蒸汽机等机器设备的大量运用，明显提高了产出效率，希望获取最大化收益的厂家在国家商品产生结余或资金较为宽裕的情况下，逐渐对其他国家输出产品与资金，国与国产生了明确的生产分工，很多生产逐渐摆脱本国生产中心在国外完成。马克思指出，企业资本输出的目的是获得超额收益，由于资本涌入国可以提供巨大的市场发展空间与极高的收益率，可以用于抵除境内市场收益下滑形成的不良影响。

20世纪之初，列宁将资本主义扩大至垄断资本主义时期。其明确指出，垄断资本主义时期，资本输出逐渐取代产品输出，他对垄断资本主义生产特点做出了归纳，具体如下所示："（1）伴随生产与资本趋于集中，最后产生了决定经济生活发展的垄断组织；（2）工业资金与银行资金密切结合，产生了金融资本，使得金融寡头出现；（3）帝国主义将世界瓜分完毕，最终形成国际垄断同盟。"垄断资本主义过度生产引发了生产过剩问题，其所垄断的公司必定会参与国际竞争，共同分割国际市场，进而产生了殖民地国家，这些国家成为帝国主义国家生产原材料的重要来源，因此说，资本主义的迅速发展，生产力的大幅度提高，对原材料的竞争和追逐也就更加激烈，这必然会导致帝国主义国家对殖民地的进一步瓜分和抢夺，从而促成了对外直接投资的高速发展。

2.2.2 马克思主义的国际贸易理论简评

列宁第一次深入剖析了社会主义国家对直接投资资本主义国家维持的态度，指出如果社会主义国家经济状况较差、发展能力不足时，借用资本主义国家的资金是大有裨益的。

马克思主义提出的对外贸易理论认为企业对外直接投资的主要原因是生产效率非常高，这一理论对金融资本垄断以及生产垄断做出了清晰的划分，指出在二者的彼此作用和影响下，使国际直接投资速度明显加快。

2.3 发达国家的对外直接投资理论

2.3.1 主要学说理论

2.3.1.1 垄断优势理论

美国著名经济学家海默深入剖析了美国各类企业对外直接投资问题，创造了垄断优势理论。其指出企业开展跨国经营活动是因为全球市场存在的不完全竞争环境以及能够实现收益最大化的运营目标。在对外直接投资理论的研究中，海默进一步优化和改进了传统国际贸易理论里有关全球市场完全竞争局势的假定条件，认为垄断竞争是国际市场中的一种常态，有别于企业之间的垄断性要素，专业生产、差别化产品、政府管控规模经济、技术垄断是国际垄断竞争市场得以形成的主要影响要素。上述要素存在于各行各业里，是企业进行国际直接投资的主要障碍。在垄断竞争国际市场里，许多异质性公司唯有在对外直接投资获得的利润高于消除障碍要素投入的成本时，才可能对外直接投资，这满足公司希望获取收益最大化的前提假定。公司是否可以获得利润，取决于企业的垄断优势，这实际上是公司异质性的具体表现。

海默基于划分美国国内的制造业与工业跨国投资企业具有的垄断优势类别，在细致剖析之后指出美国各类企业具有的垄断优势来源于下面四点。

（1）资金优势

跨国企业进行对外直接投资时，资本是其首要考虑的因素。由于跨国企业通常具有较强的资本优势，因而有实力加大研发方面的资本投入实现更快的更新生产技术，依靠强大的资本支持布设更多的营销网点以增加销售额，还可以利用雄厚的资本雇佣更多的高级管理人才和高级技术人才，多举措提高技术、渠道、管理等能力，进而提升跨国企业的核心竞争力。在融资渠道方面，由于跨国企业资本实力强、企业信用度高、市场竞争力较强，更容易以优惠的成本获得企业发展所需的资金。

（2）技术优势

技术优势通常是指企业拥有的比同行业其他竞争对手更强的技术实力及其研究与开发新商品的能力，具体来说包含知识产权、技术发明等。因为企业具备核心技术优势，则其能够提高某些产品的生产质量和生产效率，从而在同类产品的市场竞争中处于优势地位，进而获得高额的利润。同时，技术具有排他性特征，企业可以通过发明专利申请等诸多形式约束技术外溢，进而维持市场竞争垄断优势。

（3）管理制度与营销优势

通常来说，跨国企业生产经营的范围较广，涉及的法律制度、市场规则、消费人群复杂，在企业管理和产品销售方面具有明显的优势。高效的管理体制能够保证跨国企业稳定、有序运作与管理，可以推动跨国企业持续、平稳、长久发展，增强其核心竞争实力。就市场营销能力来说，跨国企业由于面临的不同市场、不同消费人群的消费习惯，通常会因地制宜地采取不同的销售策略，进而建立完整的产品销售网络，扩大产品销售渠道，提高产品销售额，提升产品市场份额。

（4）规模经济优势

由于跨国企业的资本优势、技术优势、管理体制等多因素的共同作用，更容易使其在某些产品的生产上形成规模经济，降低单位产品的生产成本，实现规模效益，而高效的管理体制能够使其实现规模内部经济。跨国企业凭借其众多的优势地位，在全球范围内进行资源的优化配置，突破母国和东道国的垄断限制，从而提升市场份额。

2.3.1.2 市场内部化理论

美国著名经济学家科斯最先提出交易成本理论，该理论用于划分企业与市场之间的界限。他表示如果市场交易成本和企业协调成本对比明显更高时，企业内部的交易活动会取代其外部市场活动。英国著名经济学家巴克利把这一理论运用至国际直接投资项目，基于此形成了市场内部化理论。这一理论指出许多特殊的要素，比方说市场垄断、市场失灵要素等，造成企业参与国际市场时面临的交易成本越来越高，假如企业可利用内部利润抵扣不断增长的交易成本，便会出现跨国企业。

市场内部化理论指出，企业可利用内部交易活动得到相应的利益，但企业是否进行内部化交易取决于两个方面：一是内部化交易所带来的利益；二是内部交易成本和外部交易成本的大小。当内部交易带来的收益大于内部交易和外部交易成本时，企业就会积极推进内部化进程。对内部化具有影响的要素非常多，具体包含如下四项。

（1）企业要素

指的是各类企业的管理水平、组织架构、约束能力等。

（2）产业要素

主要是依据产品本身的特征将其归属为资本密集型、技术密集型、劳动密集型，以及这些产品特征能否通过资本、技术、研发的投入实现规模经济。

(3) 国家因素

主要包括东道国的政治稳定性、经济制度、法律法规、市场自由化程度、融资渠道等方面。

(4) 地区因素

主要包括宗教信仰、思维理念、社会文化、消费喜好等对外部交易成本具有明显影响的要素。

根据上述四项要素可知，产业要素是企业内部化最为主要的影响要素，如果某个产业在产品的生产上存在多阶段特征时，中间产品交易这一环节就成为必不可少的组成部分。如果通过外部市场进行中间产品的交易，则因信息不对称、交易摩擦、交易谈判而产生的交易成本必不可免。企业为避免中间产品外部交易成本，必然会产生企业内部化交易，从而减少外部交易成本，使企业获利。

2.3.1.3 产品生命周期理论

美国经济学家弗农在对企业对外直接投资活动的研究中，着眼于产品角度，并据此形成了产品生命周期理论。弗农把企业对外直接投资和产品生命周期融合在一起，依据产品生命周期的变动，深入分析了美国"二战"之后企业对外直接投资的动机与区位选择影响要素，根据商品生产程序，把其生命周期划分成如下三大时期。

(1) 产品创新时期

在此环节，因为生产新型商品的技术手段尚未成熟，产品不能大批量生产，因而成本高，销售额增长缓慢，同时需要大量的研发投入完善新产品的生产技术，因此，在这一阶段企业不但得不到利润，反而可能亏损。在新产品的销售方面，消费者对新产品不太了解，只有少数追求新奇的消费者可能购买，销售量很低。为了扩展销路，需要大量的促销费用，对产品进行宣传。企业为了改善新产品的市场适应度，对市场和消费者掌握足够的信息，需要加强联系，通过市场的销售反应和消费者的反馈结果，对新产品的生产工艺、生产流程、生产技术进行改进。因

此说，当产品处于创新阶段时，由于消费者对新产品的价格弹性比较低，对价格反应程度不敏感，企业可以通过新技术的改良获得高额的利润，此时进行对外直接投资时会对区位选择考虑较少。

（2）商品发展与完善时期

弗农认为，如果商品步入发展与完善时期，必须具有如下三项特点：第一，伴随新型商品生产技术手段的改善与创新，企业存在的技术垄断地位与具备的市场竞争优势逐渐消失，高额的利润驱使众多的企业进入该行业，产品竞争程度加剧。第二，从生产者的角度来看，产品的生产技术趋于完善，生产流程已经顺畅，产品的外观、性能等基本形成，产品的生产效率逐渐提高，生产成本逐渐下降。怎样减少商品生产成本变成了企业增强核心竞争实力的关键，由顾客的角度来看，这一阶段，消费者对产品的各方面有了更为全面的了解，同时由于生产技术的扩散和推广，同质化产品和替代品不断涌现，促使生产者不断通过扩大生产规模，改良生产流程，优化管理水平，降低生产成本，从而获得在同种产品市场中的成品优势和价格优势，保持市场份额。第三，随着国内市场的饱和和激烈的竞争态势，国内企业开始注重海外市场的开拓和跨国生产，发达国家和发展中国家都会成为企业销售产品的广阔市场。但高昂的运输成本、原材料供应、各国的贸易限制和关税壁垒都会影响产品在海外市场的销售，企业为规避这些成本因素的影响，必然会通过对外直接投资在海外建厂，直接在当地进行生产经营。企业通过对外直接投资的方式能够有效地规避东道国的贸易限制、关税壁垒等，从而替代出口，提高在海外市场的销售，提升海外市场份额。

（3）产品标准化阶段

随着产品生产技术的成熟，经过市场的充分竞争和选择，产品就会进入标准化时期。在此时期，企业具备的技术垄断优势早已消除，商品生产工艺、规格、外包装等均实现统一的标准，对生产技术的研发、创新、改进等方面的需求降低，规模化生产的效果更加明显，市场竞争已经达到白热化，价格竞争成为产品销售的主要策略。企业为进一步降低生产成本，必然会通过对外直接投资的方式在全球范围内寻求低价原材料、廉价劳动力，实现利润最大化。当市场竞争达到一定程度后，利润空间逐渐缩小，一些实力雄厚的企业开始研发新的产品，从而继续保持在新产品、新技术领域的垄断地位。

弗农通过对古典贸易理论进行归纳之后指出：古典国际贸易理论，比方说对比优势理论与要素禀赋理论等设置的前提假定过于严苛，和实际表现出了明显的偏离，无法正确地阐释国际交易行为与对外直接投资活动。鉴于此，弗农将技术创新、研发、规模效应、跨国经营、市场竞争态势、产品生命周期、技术风险等因素引入国际贸易和对外直接投资动态变化的理论研究中。产品生命周期理论是对原有理论的补充与完善，其吸纳了垄断优势理论里有关企业具备的特殊优势，根据产品生命周期理论对所处生命周期有所差别的企业生产经营策略、发展对外直接投资决策进行分析。

综上所述，产品生命周期理论指出，跨国企业会依据其具备的垄断优势和东道国具备的区位优势进行综合分析判断，在产品处于不同的生命周期阶段采取不同的经营策略。在产品成熟和标准化阶段通过对外直接投资的方式进一步降低生产成本，充分发挥规模经济效应，提高市场竞争力，提升市场份额。由于发达国家在资本、技术、研发等方面具有明显的优势，产品创新能力较强，很容易形成技术垄断优势，从而使得“二战”后对外直接投资更多地表现为从发达国家流向发展中国家。一般来说，发达国家会通过其具备的技术垄断优势，依附于新兴经济实体价格低廉的劳动力、丰富的自然资源实现规模化生产，进一步降低产品的生产成本。

2.3.1.4 边际产业扩张理论

日本经济学家小岛清采用对比研究的方法，通过对日本企业和欧美企业对外直接投资情况进行对比分析后提出了边际产业扩张理论。该理论指出，某国应当由已丢失或可能会丢失比较优势的产业着手开展国际直接投资。日本对外直接投资的行业基本上是劳动力密集型，并且是日本早已丢失或有可能会丢失比较优势的行业类型，依据这类行业比较成本次序来实施对外直接投资。通常会遵循资源密集型—劳动密集型—资本密集型的演变路径。在国际分工的比较优势理论基础上，小岛清的边际产业扩张理论，能够很好地解释“二战”后日本对外直接投资蓬勃发展的现象，因此，理论界也将边际产业扩张理论称为“小岛清模式”。

边际产业扩张理论还由国家的视角入手分析了对外直接投资的动机，具体来说包含：

（1）自然资源导向型

针对某些企业生产而言，自然资源是最主要的生产要素，自然资源的可获取性、储备丰富程度、获取成本高低直接影响企业产品价格的高低，也就是说产品的主要成本是由自然资源的获取成本构成的。对于这种企业，随着生产技术的提高、生产规模的扩大，对自然资源的需求逐渐增多，当一国自然资源无法满足企业生产需要或者获取成本过高时，企业往往会通过对外直接投资的方式在全球范围内寻求低价的生产所需的自然资源，充分利用东道国的自然资源以满足自身生产的需求。因此说，自然资源导向型对外直接投资很容易偏向于一些自然资源存量充足的国家。利用东道国相对廉价的自然资源减少商品生产制造成本，增强商品整体竞争实力，形成初级产品与加工制造的垂直专业化分工，跨国企业完全控制产品的生产和销售，获取高额的利润，而东道国获取的利润很少。

（2）劳动力导向型

对于某些企业生产而言，通常是传统的劳动密集型产业，劳动力是最主要的生产要素，劳动力资源的丰富程度、成本的高低直接影响企业产品价格的高低，也就是说产品的主要成本是由劳动力成本构成的。小岛清的研究发现：“二战”以后，随着发达国家经济的高速发展，相对于技术、资本这些生产要素而言，劳动力成本一直攀升，成为影响传统劳动密集型产业发展的最为重要的因素。与此同时，由于发达国家技术变革的速度加快、研发能力的提高、融资渠道的多样化，更侧重于发展技术密集型和资本密集型产业，而倾向于通过对外直接投资的方式将劳动密集型商品出口至一些劳动力资源充足且价格较低的国家，进而减少商品生产成本。这种对外直接投资模式对劳动力充足与稀缺的国家间国际分工做出了优化和调整，促成了两类国家之间的贸易活动。

(3) 市场导向型

小岛清通过对“二战”后发达国家对外直接投资动机的研究发现，各国间关税、保护主义等市场因素也会影响对外直接投资的流向。一类是顺贸易导向型，即东道国实行贸易保护主义政策，对进口商品设置关税、配额、非关税等贸易壁垒，减少东道国对商品的出口。为消除贸易壁垒，开发新型市场，跨国公司通常会通过对外直接投资的形式在东道国直接建厂，但由于东道国在某些中间产品、零部件的生产技术无法达到要求，跨国企业通常会选择性地进口部分中间产品，而在东道国完成最终产品的加工和组装，从而增加东道国的国际贸易交易顺差；另一类是逆贸易导向型投资，“二战”后美国新兴的寡头垄断制造业企业通过对外直接投资的方式直接在产品销售国投资建厂，完成最终产品的生产，并在东道国进行销售，以此替代本国出口。

小岛清基于投资动机的视角研究对外直接投资理论，引起了亚洲国家的兴趣。但不难看出，该理论分析的基本是由国家角度入手的，并不是企业，这对企业实施对外直接投资适用性较差。

2.3.1.5 国际生产折中理论

1981 年，英国著名经济学家邓宁最先提出国际生产折中理论，他认为很多要素会对国际直接投资活动形成影响，厂商、内部化、区位这三项优势是一个企业完成对外直接投资必不可少的条件，即跨国企业对外直接投资的 OIL 模式。

(1) 厂商优势

厂商优势也被叫作所有权优势，它是和境外投资对手拥有的优势明

显不同的核心优势，具体来说包含知识产权、专利权、商标权、资本优势、研发能力、规模效益、高效的组织管理能力以及庞大的市场销售网络和销售经验。国际生产折中理论指出：由于各国政治体制、法律法规、社会文化等差异性，使得跨国企业进行对外直接投资所承担的风险也加大，但正是由于跨国企业具有其特有的厂商优势，能够为其带来足够的收益。所以，跨国企业为获取高额的收益，愿意承担对外直接投资所带来的风险和成本。由于跨国企业特有的厂商优势，可以通过技术转让、商标权转让等方式进一步增加对外直接投资获得的利润。所以总体来说，企业具备的厂商优势是开展对外直接投资必不可少的一项条件，也就是说，唯有具有厂商优势，才可以更好地开展对外直接投资项目，并非充分条件。

(2) 区位优势

区位优势是指东道国在法律制度、市场规则、自然资源、投资环境等方面明显优于投资国。根据优势因素的不同，可以将区位优势分为两个方面：其一，资源禀赋优势，包含东道国地理区位、气候条件、自然资源、劳动力、土地等；其二，制度政策优势，主要是东道国在各种制度安排上的优势，具体包括法律制度、政治体制、市场经济条件、金融政策、融资渠道、税收优惠等。可以看出，区位优势是跨国企业进行对外直接投资的充分条件，即只有具备区位优势，才能进行对外直接投资。

(3) 内部化优势

内部化优势是指企业通过将资产或所有权内部化，进而降低外部市场不确定性所带来的交易成本的增加，这明显优于处在外部市场的企业，具体来说，外部市场具备的不完全性体现于两点：第一，自然市场具备不完全性，因为市场存在信息不对称问题，造成交易成本居高不下；第二，架构性市场不完全，它是因为政府的干预以及企业间为争夺市场而设定的竞争壁垒等市场行为所引发的。因为外部市场具备不完全性特征，使得外部交易成本明显增长，企业面对巨大的风险，很多企业失去了自身在外部市场拥有的核心优势。为规避外部市场不完全性风险，保持其特有优势，企业往往会通过内部化交易降低交易成本，提高产品的市场竞争力。具有内部化优势的企业可以通过对外直接投资的方式，在海外直接设厂，建立国际化的生产和经营体系，充分利用各国资源，提升生产率，减少各项生产成本，增强商品的核心竞争力。然而和厂商优势相同，内部化优势是企业开展对外直接投资必不可少的基础条件，而非充分条件。

2.3.2 发达国家的对外直接投资理论简评

“二战”之后，随着马歇尔计划的实施，美国等一些资本主义国家经济局势迅速回升。马歇尔计划在一定程度上减少了欧洲各国交易壁垒，使跨国直接投资拥有了崭新的发展机会。在此时期，国际直接投资基本上涌入西方发达国家，并且直接投资的行业由农业、石油等传统行业转变成服务业与制造业。经济的快速增长加快了学术界对国际直接投资理论的研究，补充与完善了国际直接投资理论系统，研究侧重于由国家与企业的视角入手分析两者的差别，较好地解释了美国、日本等发达国家企业进行的国际直接投资行为，为后续的对外直接投资风险研究提供了新思路。

2.4 发展中国家的对外直接投资理论

2.4.1 主要学说理论

2.4.1.1 小规模技术理论

小规模技术理论是由美国经济学家路易斯于 1977 年提出的，这一理

论被公认为是最早将对外直接投资研究扩展到发展中国家，开创性地研究发展中国家对外直接投资的理论。小规模技术理论从比较优势和投资动机两个方面对发展中国家对外直接投资现象进行分析。

（1）发展中国家的比较优势

小规模技术理论指出，发展中国家的跨国企业所具有的比较优势主要表现在三个方面。

第一，发展中国家由于市场规模较小，其跨国企业具有服务小型市场的小规模技术优势。发展中国家由于收入水平偏低，导致其国内消费水平有限，需求量较小，市场规模较小，无法通过大规模的生产降低生产成本，很难实现规模经济效应。对于这种小规模市场，发达国家的大型跨国企业无法通过规模化生产提高产品竞争优势，这就为发展中国家的跨国企业提供了机遇。发展中国家的跨国企业充分利用和开发自身的生产技术，使其适应小规模市场，从而提高其竞争优势。在长期的小规模市场生存中，使得发展中国家的跨国企业具备了小规模技术优势，通常来说，这种小规模技术更多的是适用于劳动密集型的产业，生产经营具有很强的灵活性，市场适应能力较强，适合小批量生产。

第二，发展中国家的跨国企业在海外生产上表现出明显的民族产品优势。由于很多发展中国家具有鲜明的民族文化和民族自豪感，在对外直接投资的过程中通过生产具有民族特色的产品使其在东道国市场实现产品的差异化经营，从而提高其市场竞争优势。

第三，发展中国家的跨国企业凭借其物美价廉的产品实施低价营销，抢占市场。通常来说，发达国家的跨国企业由于资本实力雄厚，在对新产品的营销策略上通过投放大量广告宣传费用、拓展销售渠道、树立品牌形象，从而打开新产品的销售市场，提升市场份额。但发展中国家的跨国企业由于财力有限，无法投入大量的宣传成本，唯有采用低价营销的战略占据市场份额。

（2）发展中国家对外直接投资的动机

小规模理论认为发展中国家对外直接投资的动机包含出口市场的保

护、寻求更低的成本、规避政治风险等。

第一，出口市场的保护。由于西方发达国家设置的产品标准非常严格，阻碍了发展中国家产品对外出口。发展中国家为规避贸易壁垒、贸易保护主义等，会通过对外直接投资的方式直接在东道国进行生产经营，保持其原有出口商品在国际市场的份额。

第二，寻求更低的成本。发展中国家为进一步降低生产成本，提高产品在国际市场的成本优势，会在全球范围内寻找自然资源丰富、劳动力更为廉价、生产技术相对落后的国家或地区，通过对外直接投资，直接在商品进口国进行生产经营，降低劳动力成本和原材料运输成本，获得更高的成本优势。因此说，寻求更低的生产成本是发展中国家进行对外直接投资的重要动机。

第三，规避政治风险。一些发展中国家由于国内政治斗争、宗教矛盾比较突出，导致国内政局动荡。这些发展中国家的企业为规避政治风险，减少资产损失，往往会通过对外直接投资的方式实现资产转移，即使国内发生动乱，也不会影响其在国外的生产经营。

2.4.1.2 技术地方化理论

英国著名经济学家拉奥在 1983 年提出技术地方化理论，也被叫作适应性技术理论。这一理论认为，虽然发展中国家跨国企业具有规模小、生产技术标准较低、劳动密集型等特征，但这些特征的形成是其为适应小规模市场而对企业技术进行革新和优化所形成的结果，造成发展中国家的跨国企业在日益加剧的市场竞争局势里产生了特殊的优势。

技术地方化理论把发展中国家以及发达国家中的跨国企业所具有的差异化竞争优势作为研究的出发点，并对两者之间的竞争优势进行对比分析。作为发达国家的跨国企业，竞争优势主要是依托其雄厚的资本、强大的技术研发能力、高素质的科技人才、高效的管理体制和管理技术而形成的；而作为发展中国家的跨国企业，竞争优势主要是依靠标准化的生产技术，并根据不同市场的特点进行适应性的改造，通过小规模的生产经营而形成的。

同时，技术地方化理论还对发展中国家的跨国企业如何形成和发展自身的“特有优势”进行了详尽的分析。首先，发展中国家能够实现当地化的技术往往都是在发达国家已经过时的、效率较低的技术，发展中国家充分利用自身的丰富资源、廉价劳动力等对技术进行改造，使其适应小规模市场，从而实现技术地方化，待时机成熟时通过对外直接投资的方式将生产经营转移到更具成本优势的发展中国家和地区。其次，发展中国家的跨国企业所利用的技术往往都是在发达国家已经很成熟的生产技术，只需要根据自身的经济条件和消费者的习惯进行适当的改造，就能满足当地和邻近国家的市场需求。再次，发展中国家通常将这些技术运用于小规模生产经营，充分利用资源禀赋、低廉的劳动力成本，降低生产成本，获得成本优势，从而在市场竞争中获取更高的利润。最后，发展中国家的跨国企业由于小规模生产经营的特点，能够根据不同消费者的需求特点进行市场细分，生产出适应不同消费人群的差异化商品，使之维持竞争优势。

2.4.1.3 产业升级理论

英国著名学者坎特威尔在调研了发展中国家对外直接投资现状之后，对外提出了产业升级理论。产业升级理论指出，发展中国家的企业由于资本、研发能力等因素的影响，其技术能力的提高是一个不断积累的动态过程。随着企业技术能力的不断提升，生产效率得以提高，从而推动了发展中国家的产业结构升级。同时，坎特威尔的研究还发现，发展中国家对外直接投资的速度和表现形式主要受到企业现有技术水平的影响。

产业升级理论的分析表明，发达国家与发展中国家在技术创新与技术积累方面并没有本质的区别，同时技术积累能够促进一国经济的发展，而技术革新是加快国家产业优化和升级的推动力。就技术革新而言，发达国家与发展中国家的企业具有明显的差异：发达国家的企业利用其资本优势，大量投入研发资金，开发高精尖的技术，始终处在技术发展的最前沿；而发展中国家的企业由于资金的限制，只能利用有限的研发能力，对现有技术进行掌握和改造，从而实现技术的创新。坎特威尔通过对发展中国家企业对外直接投资的发展历史进行分析后发现，由于受到企业内生技术的创新能力和国内产业结构的影响，其对外直接投资的地理分布和产业分布是动态变化的过程。发展中国家的跨国企业对外直接投资产业分布体现于逐渐由资源型产业将投资方向转变成技术型产业，即发展中国家的企业首先会利用其自然资源优势进行纵向一体化生产经营，随着技术内生化进程的不断推进，逐步转向以出口导向型为主导的规模化生产运营。就发展中国家来说，其对外直接投资的地理分布一般表现为：周边国家—发展中国家—发达国家的发展路径，即出于“心理距离”因素的考虑，发展中国家跨国企业的对外直接投资首先会选择消费习惯、社会文化相近的周边国家进行投资；随着生产规模的不断增加，当周边国家市场容量、自然资源等无法满足生产需要时，对外直接投资会流向更具有成本优势的发展中国家；随着生产技术的不断积累和发展，生产效率的提高，获取的利润日益增加，当完成资本积累时，使其具备了利用更为先进的技术进行高附加值产品的生产经营，随后向发达国家进行逆向投资。由此可见，随着发展中国家工业化进程的推进、产业结构的优化升级，其跨国企业对外直接投资不仅局限于传统的劳动密集型产品，而且在技术密集型产业也具有一定的竞争优势和竞争能力。

2.4.2 发展中国家的对外直接投资理论简评

20 世纪 70 年代，全球经济局势产生了翻天覆地的变化。伴随全球经济一体化潮流的来临，西方发达国家工业化步伐明显加快，产业转移速度提升，跨国企业十分关注外包获得的成效，加快了国际资源的最优分配。另外，许多发展中国家意识到了境外资本对行业效率提高具有的积极作用之后，增加了对一些行业与产业的直接对外投资，这一领域也引发了学者们的广泛关注。显而易见，传统发达国家国际直接投资理论无

法阐释国际经济格局的崭新状况，因此很多学者由发展中国家的特征与发展现状入手，基于传统直接投资理论，围绕着发展中国家对外直接投资做了深入的研究，获得了明显的成效。通过对新兴发展中国家对外直接投资的比较优势、动机进行了多方面的探讨和总结，对研究中国这样的新兴发展中国家有重要的理论指导、借鉴意义。

2.5 相关理论对本书研究的指导意义

在对现存理论进行整合和归纳之后，笔者认为部分理论对本书后续研究具有重要的指导意义。

（1）HMC-FMEC 是新新贸易理论具有代表性的模型。其一，它基于 Dixit-Stiglitz 模型所形成，实现了公司异质性的新突破，将边际成本差别用于表现公司生产率的差异，对公司作了异质性划分，这满足国内民营企业和国企异质性标准，总体来说，模型适用性非常强。其二，考量到参与境外市场投入的交易成本非常高，参与市场必须具有平衡条件才可以进行平衡求解，因此，假定了东道国参与国际市场时必须投入的固定成本，然而总体来说，假定非常简单，本书会对此做出修订。其三，模型将效率差别作为前提，阐述了公司对外直接投资成因，把具体成因转化成影响要素。诸多影响要素代表了公司对外直接投资具备的不明确性，所以便于本书对风险来源做深入的研究和剖析。

（2）荷兰著名经济学家丁伯根（Tinbergen）基于物理学领域万有引力定律，提出了贸易引力模型，并将把这一模型用于研究国与国双边交易流量问题。根据万有引力定律，物体和物体间具有引力，物体彼此的引力和两两物体的质量呈现正比例关系，和两个物体距离成反比例关系。贸易引力模型运用了两个国家的经济总量代表物体质量，由两个国家地理距离代表两个物体相距的距离，阐释了国家和国家存在的贸易流量问题，并通过实证研究发现，两个国家贸易流量和国家经济总量与地理距离关联密切。本书在丁伯根（Tinbergen）和安德森（Anderson）所提出的理论模型之上，引入政治风险与制度风险这两项要素，进一步分析国内民营企业对外直接投资面临的诸多风险问题。

（3）对于民营企业对外直接投资的行业变化趋势，本书通过企业内生边界理论做了深入的分析。该理论是新新贸易理论必不可少的构成部分，可以用来阐述企业参与国际市场所采用的形式，比方说对外直接投资或者外包等。安特拉斯（2003）把企业内生边界的契约理论和新新国际贸易理论密切融合，指出了企业在资金与技术层面具备的异质性是怎样对企业在国际范畴之内生产方式进行影响的，由企业内生边界理论入手，对企业对外直接投资行业选择问题做出了阐释。

第三章　民营企业对外直接投资风险因素

上一章节通过对现有理论和文献的梳理、汇总和评述，为本书后续的研究提供了理论基础和参考。从企业视角来说，效率是决定企业是否对外直接投资的主要影响要素，国内民营企业对外直接投资时，效率存在的异质性是不会对企业对外直接投资的投资方式、投资战略和投资收益产生差异化影响？这种效率的异质性是不是影响企业对外直接投资的动机呢？企业对外直接投资所面临的风险主要包括什么？影响企业对外直接投资的各类风险通过何种机制产生影响？这些问题是本章重点分析和研究的主要内容。

3.1　民营企业对外直接投资风险影响因素构成

与国内投资相比，对外直接投资不仅受到母国环境的影响，而且更多地还会受到东道国环境、全球环境的影响，因而使得对外直接投资面临较大风险，且明显高于国内投资。中国民营企业对外直接投资风险的影响因素既有宏观因素（如政治、经济、社会等），也有行业因素（如技术、市场、竞争等）。

(1) 政治因素

政治因素作为宏观环境中的重要因素，无论是东道国还是母国政府，其政策导向、管制强度都会对民营企业对外直接投资产生重大影响。首先，国家的管理体制、组织结构、选举制度、政治平稳性等要素对民营企业对外直接投资面临的风险具有重大影响；其次，双边与多边关系的建立与否，是否签订贸易、经济、技术、投资保护等协定协议也是影响对外直接投资的重要因素。再次，法律制度影响。民营企业对外直接投资不仅要遵守东道国当地的法律法规，同时也要符合中国相关的法律制度。最后，政府对市场的干预程度、政治关联支持也是影响对外直接投资的因素之一。

(2) 经济因素

经济层面的影响因素主要是民营企业对外直接投资中所面临的经济条件、产业结构等情况，主要包括以下几个方面：第一，经济发展水平，主要是一国经济发展的规模、速度及发展程度，这些是判断某个国家经济发展形势与潜能的重要指标；第二，市场经济自由度，是指一个国家或地区市场经济在国际社会中的认可程度以及在国家经济体系中的独立性等，它是影响对外直接投资能否进入东道国市场的一个重要因素。第三，金融市场自由度，一个国家或地区金融市场自由程度越高，则该国或地区的金融体系就越完善，能够为对外直接投资的企业提供丰富、及时、高效的金融服务，且获取资金的成本较低，从而降低对外直接投资的风险。

(3) 社会因素

社会因素主要是由一国或地区的人文因素形成的，主要包括：基础设施水平，一国或地区基础设施结构直接影响运输条件、通信条件、原材料供应等，从而影响企业对外直接投资的发展速度与规模；文化因素，如语言、宗教信仰、价值观等是企业对外直接投资时必须面对的问题；人口因素，东道国的人口规模、人口结构、教育水平、消费习惯等直接影响对外直接投资的人力成本、人才素质及市场规模等；自然资源，丰

富的自然资源是吸引对外直接投资最为主要的影响要素，对民营企业对外直接投资区位选择、厂房选址、海外运输等具有决定性影响。

(4) 技术因素

技术因素主要是一国或地区的技术水平、技术力量、技术政策以及技术发展趋势等，它对企业在东道国的产品生产效率具有决定性影响。技术风险对企业在东道国市场投入的成本具有决定性影响，参与市场成本较高，表明企业生产效率严重下滑，参与成本较低，表明企业生产效率明显提高。

(5) 市场因素

市场因素包含东道国某个行业市场潜能、容量与发展完善度、成熟度等，企业对外直接投资不但会受到东道国市场对外开放程度的影响，还会受到行业市场规模的影响和制约。同时，东道国的消费者偏好、消费习惯、消费方式等也会影响对外直接投资的东道国市场份额。

由此可见，中国民营企业对外直接投资风险的影响因素很多，既有宏观因素，也有行业因素，但限于本书的研究目的、研究篇幅，无法对各种对外直接投资风险影响因素进行全面分析。所以，通过本章后续部分基于 HMC-FMEC 模型进行深入剖析，提炼、归纳出中国民营企业对外直接投资面临的三大主要风险，即区位风险、技术风险与行业风险，并将这三大主要风险作为本书研究的重点内容。

3.2 异质性企业对外直接投资的差异分析

3.2.1 异质性企业的效率差异

用效率的差别判断公司异质性，指的是把国内企业划分为国有企业和民营企业加以分析，对于这一领域，中外学术界做了有益的尝试，展开了深入的研究。麦金森 Megginson（2001）与穆里尔 Murrel（2002）详细比较分析了全球各个国家不同所有制之下企业绩效的诸多文献资料的研究结果，结论显示：国企与民营企业相比，经济效益要低得多，而且民营化具备有效性。刘小玄（2003）通过对全国工业普查数据进行深入研究后发现：国企在所有制有所差别的企业里工作效率相当低。胡一帆（2006）通过对世界银行发布的中国企业相关调研数据进行研究，结论显示：不同所有制对于企业绩效具有的影响非常大，对比之下，国有控股、外资控股对企业生产效率具备的激励效应更为明显。吴延兵（2012）通过对中国省级工业行业相关数据进行深入研究后发现：国企具备公权力性质，因此，一方面面临着生产效率亏损问题，另一方面面临着创新效率科学计量的问题。很多学者的研究结论均显示民营企业生产效率和国企相比更为良好，究其原因，体现于三点。

其一，产权优势。产权对效率具备决定性影响。在资源机制与技术条件一定的前提下，民营企业所有者考量到利益问题，会非常注重提高企业绩效，但国企由于存在委托代理问题，因此面临着较大的效率亏损。实践过程中，产权属性清晰的民营企业极易增加生产规模，提升生产效率。

其二，制度优势。制度优势指的是民营企业在运营管理时属于自行驱动，具备极强的灵活性与自觉性。这种优势能够使企业在日益加剧的竞争局势里及时把握发展机遇，做出正确决策，提升民营企业的核心竞争力，使之获得规模效益。

其三，竞争优势。相比于国企，民营企业对技术成果运用积极性、转化率较高，技术成果可以为企业创造巨大的收益，这满足企业收益最大化的发展目标，并且灵活多变的制度可以加快民营企业运用技术成果，自觉对技术做出改造与革新。

3.2.2 异质性企业对外直接投资的现状

对国企来说，民营企业是中国实施市场经济制度变革所形成的产物，其生存与发展需要良好的市场经济环境作为支持。在市场发展规律的影响之下，民营企业进行对外直接投资能够更为有利地参与全球市场竞争，占据市场份额，稳固竞争地位，获得平稳持续发展。下面将从对外直接投资的发展现状着手，深入分析当前民营企业与国企对外直接投资的现状。

（1）投资规模

随着中国改革开放政策的持续深入推进，国内很多企业开展了对外直接投资活动。相关资料显示，国内企业对外直接投资的发展主要经历了三个过程：1990 年之前起步过程、2000 年之前调节过程、2003 年以后发展过程。2007 年以来，中国对外直接投资流量额，即投资净收益维持着平稳快速增加的趋势，根据图 3-1 可知，中国企业对外直接投资流量额增长速度很快，2007 年至 2016 年由 265 亿美元增长至 1830 亿美元，增加幅度高达将近 7 倍。成为仅次于美国的全球第二大对外直接投资国；而对外直接投资存量规模也从 1259 亿美元增长到 10292 亿美元，呈现井喷式的增长状态。（如图 3-1 所示，数据来源于历年中国对外直接投资统计公报）

从民营企业与国企的视角来看，中国对外直接投资活动里，国企占据的比重非常大，相比之下，民营企业占据的比重更小，这和前文中的理论分析结果是有所背离的，这是由于中国国营企业的管理层大部分是政府职能部门直接任用的，十分重视政绩。而这几年，伴随国有企业制度的变革，两者的占比产生了明显的变化。根据 2006 年到 2016 年中国对外直接投资统计报告可知，2013 年以来，中国民营企业对外直接投资规模和投资案例呈现井喷式的增长，投资规模猛增到 4321 亿美元，占到中国对外直接投资总规模的 42%；中国民营企业对外直接投资案例达到 400

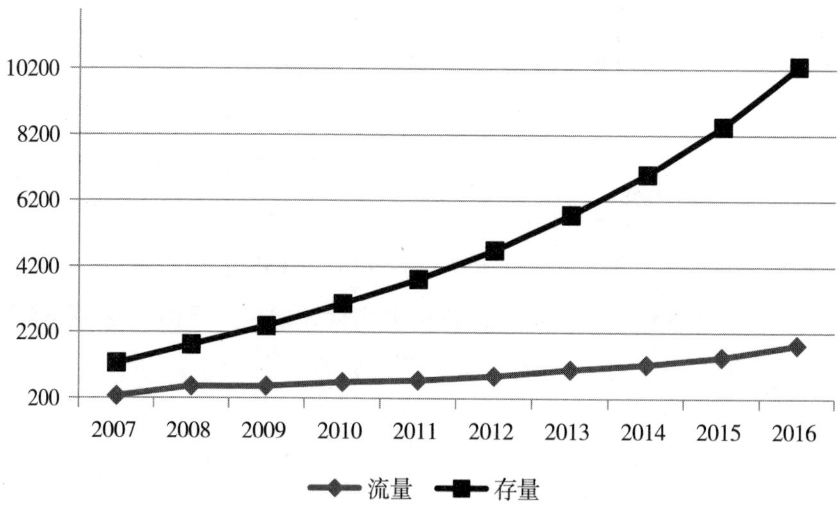

图 3-1　2007—2016 年中国对外直接投资流量与存量（单位：亿美元）

余起（如图 3-2 所示，数据来源于历年中国对外直接投资统计公报）。由此可见，中国民营企业无论在对外直接投资规模和投资案例上的占比都表现出快速增长的趋势，使得民营企业对外直接投资发挥出了积极的影响，地位明显提升。通过对近些年中国企业境外投资并购案例的分析后可以发现：民营企业在对外直接投资中的所有权优势、管理优势逐渐显现出来，成为中国对外直接投资的重要组成部分。

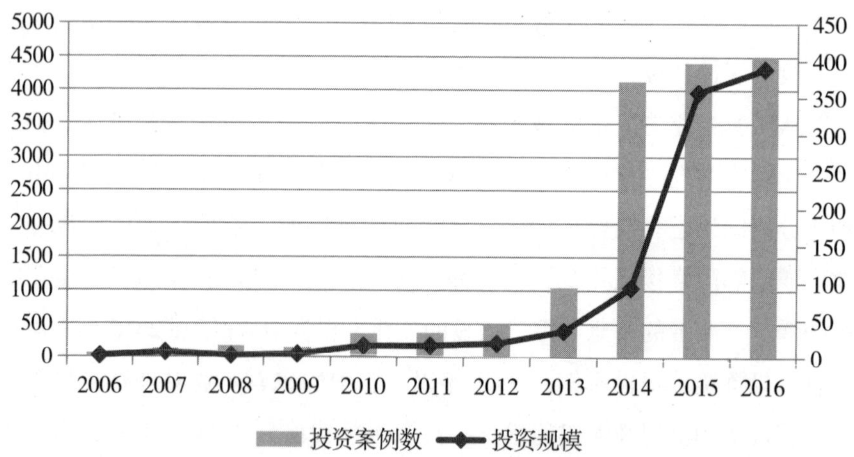

图 3-2　2006—2016 年中国民营企业对外直接投资流量和投资案例（单位：亿美元）

(2) 区位分布

现阶段，国内企业对外直接投资广泛分布于全世界大多数国家与地区。尽管投资地区主要是亚洲国家，然而也呈现对多地区投资的发展趋势。比方说2016年国内企业对外直接投资地区分布状况，亚洲地区占据的比重达到了55.6%，欧洲地区占据的比重达到了12.3%，北美洲占据的比重达到了12.1%，拉丁美洲占据的比重达到了5.3%，大洋洲占据的比重达到了3.1%，非洲占据的比重达到了11.6%。(如图3-3所示，数据来源于历年中国对外直接投资统计公报)。

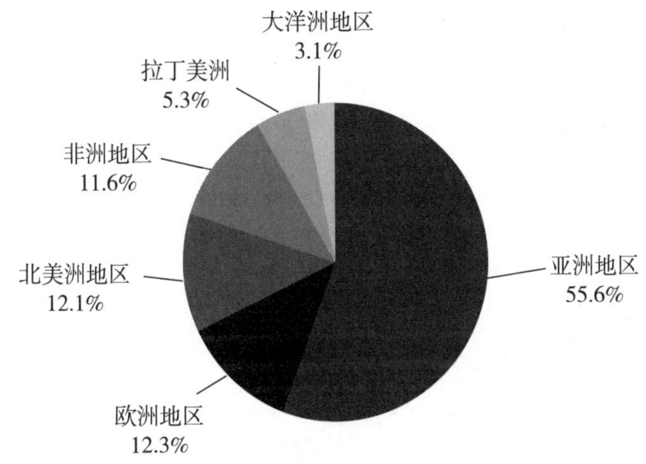

图3-3 2016年中国对外直接投资区位分布

从设立企业的数量来看，中国设立境外企业数目排名位居前十的国家或地区包括香港、美国、越南、澳大利亚、新加坡、阿联酋等。进一步分析可以发现，中国对外直接投资区位产生了明显的变动，投资地区并非局限于之前的发展中国家，而是将投资重心放置于许多发达国家。这是因为民营企业对外直接投资比重提升，造成投资地区朝着市场经济制度更为成熟的区域转变。本书在后续章节会论证这一变动和企业异质性存在的关系。

(3) 行业分布

由对外直接投资面向的行业分布可知，这几年，中国对外直接投资产生了巨大的变动，将重点放置于产业架构优化和调整的行业内，逐渐由之前的劳动密集型行业转向投资技术与资本密集型行业。比如2016年，中国对外直接投资整体行业分布状况是：制造业占据比重达到22.3%，信息软件与信息技术业比重达到19.5%，交通行业与邮政行业占据比重达到了10.2%，电、热、燃气和水供应业占据比重为8.3%，金融业占比7.2%，租赁和商务服务业占比7%，房地产行业占据比重为6.8%，采矿业占据比重为5.5%，住宿和餐饮业占比4%，文化娱乐业占比3.3%，批发零售业占比2.1，科研与技术服务业占据比重达到1.8%，其他服务业占比1.9%。（如图3-4所示，数据来源于历年中国对外直接投资统计公报）

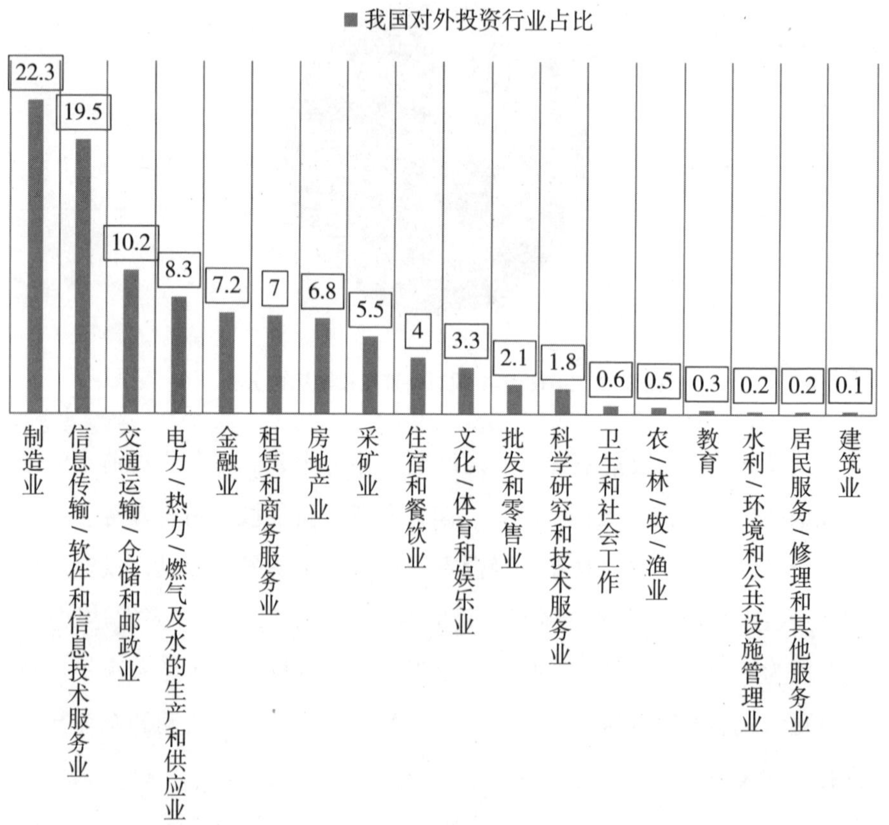

图3-4　中国对外直接投资的产业分布

根据异质性企业对外直接投资的产业结构分析发现，中国国企在建筑行业、能源行业占据着明显的优势；而民营企业在制造业、服务业等行业，尤其是资本密集型与技术密集型行业优势颇为明显，发展速度极快，因此这几年民营企业对外直接投资比重不断上涨，这符合国内企业对外直接投资行业分布的变动趋势。

3.3 民营企业对外直接投资动机的识别

通过对异质性企业对外直接投资现状的分析后显示：国内民营企业大部分通过其具备的产权结构优势，提升技术创新能力，按照效率优先的路径发展，这种发展模式必然要求其具备冒险精神，敢于变革与创新。因此，本节将以民营企业对外直接投资的动机为切入点，深入分析其对外直接投资的风险影响要素，并据此做好防范和应对措施，为国内民营企业参与国际化直接投资提供参考。

依据上一章节对现阶段发展中国家实施对外直接投资的主要动机分析后可以看出一国企业对外直接投资的动机包含三类：第一，资源寻求型；第二，技术寻求型；第三，市场寻求型（邓宁 Dunning，1993；巴克利 Buckley，2007）。依据国内民营企业境外投资特征，第二种和第三种动机的阐释更为精准，适用性更强。

其一，技术寻求型理论。企业在参与国际市场竞争过程中，为稳固竞争地位、获取竞争优势，必然要具备商品开发、技术创新等诸多能力。如果企业难以由内部学习来获得其发展所需要的知识与技能，那么就需要通过外部获得。与国企相比，民营企业科技水平较低，技术能力不足，商品开发能力欠缺，这意味着其在参与国际市场竞争过程中处于弱势地位。这几年，很多企业利用 FDI 模式实现了平稳快速发展，并且在全球范围内得到了所需要的管理模式、开发能力、技术手段等，提升了企业的核心竞争实力，这是最为主要的动机。

其二，市场寻求型理论。该理论认为，规模庞大的市场会创造巨大的规模经济效益，减少企业交易成本。东道国市场整体规模对母国所做出的投资决策具备明显的影响。在经济增速较快和经济发展水平较低的两类国家中实施对外直接投资，对前者投资中所获得的投资收益明显高于后者。国内民营企业尽管通过对外直接投资的形式实现了快速发展，然而由于国内市场价格存在扭曲现象，再加上国有企业发展动荡起伏，这为民营企业参与国际化竞争提供了源源不断的动力。现如今中国市场消费需求萎靡，劳动力成本越来越高，很多行业面临巨大的生存危机，因此有必要利用对外直接投资化解产能过剩问题，减轻行业发展压力，这是中国推行“一带一路”倡议的重要原因之一。研究结论显示，民营企业对外直接投资表现出明显的市场寻求型投资特点，非常希望参与东道国市场竞争，这是民营企业开展直接对外投资的一个重要动机。

3.4 基于投资动机的风险因素分析

通过对对外直接投资动机的深入分析，阐述了民营企业对外直接投资的动力来源问题。动机里包含的制约性因素可被视作民营企业对外直接投资面临的主要风险。根据投资动机来寻求风险来源，可以获得明显的成效。因此本书运用新新贸易理论最有代表性的异质性企业贸易理论模型，也就是 HMC-FMEC 模型进行分析。

3.4.1 模型适用性分析

HMC-FMEC 模型基于梅利茨 Melitz（2003）形成，后来通过赫尔普曼 Helpman（2004）、鲍德温 Baldwin 与聂欧德 Nieoud（2008）等诸多学

者根据国际经济形势的不断发展变化，对模型进行不断修正、发展和完善而形成的。根据 HMC-FMEC 模型的前提假设，其适用性包括三个方面：第一，HMC-FMEC 模型属于新新贸易理论框架体系，继承和发展了 Dixit-Stiglitz 模型而形成，实现了企业异质性研究的新突破，将边际成本差异用于表现企业生产率的差异，对企业作了异质性划分，这满足国内民营企业和国企异质性标准，总体来说，模型适用性非常强。第二，由于参与境外市场投入的交易成本非常高，参与市场必须具有平衡条件才可以进行平衡求解，故假定东道国参与国际市场时必须投入的固定成本，然而总体来说，假定非常简单，本书会对此作出修订。第三，模型将效率差异作为前提，阐述了企业对外直接投资动机，并把具体动机转化成影响因素。诸多影响因素表明企业对外直接投资具有不明确性，所以便于本书对风险来源做深入的研究和分析。

3.4.2 经典 HMC-FMEC 模型

3.4.2.1 模型假设及说明

（1）国家假设

模型假设全球是由 N+1 个国家构成的，各个国家均建立了生产同质性与差别性商品的两个不同的生产部门，在此之中，基准商品是由同质性部门生产的。母国企业在东道国投资所获取的利润表示为 π_{ij}^{K}，其中：$i = 1\cdots\cdots M$，表示第 i 个企业；$j = 1\cdots\cdots N$，表示第 j 个东道国；$K = 1\cdots\cdots T$，表示第 K 个投资母国。因此，π_{ij}^{K} 可以表述为投资母国 K 中的 i 企业在东道国 j 进行对外直接投资所获得的利润。

（2）消费者行为假设

假定各个国家表示消费者行为的效用函数是包括持续产品要素的 CES 效用函数，那么：

$$U = [\int_{\omega \in \Omega} q(\omega)^{\frac{\varepsilon-1}{\varepsilon}} d\omega]^{\frac{\varepsilon}{\varepsilon-1}} \tag{3-1}$$

其中，Ω 代表商品种类，ω 代表某种商品，且商品之间具有可替代性；用 $\varepsilon - 1$ 表示任意两个商品之间的替代弹性。

(3) 生产者行为假设

生产者行为假设包含技术水平、竞争结构、要素投入三项。

竞争结构假设：假定每个企业会根据自身的优势选择持续生产和经营多样性产品 ω 。每个企业之间在生产工艺流程和品牌效应方面具有差异性，即异质性，从而使得每个企业具有各自的生产效率 θ，并且通过给定的外生生产函数 $G(\cdot)$ 形成各自的生产效率分布函数 $G(\theta)$，并将其相应的密度函数定义为 $g(\theta)$ 。

要素投入假设：即假定每个企业生产差异化产品时只使用劳动这一种生产要素，并且假定劳动力的供给是无价格弹性的，即在给定的情况下，企业可以获得无限多的劳动供给。

技术水平假设：由于企业生产成本可以如实反馈出生产技术水平，所以可利用企业成本函数（固定成本与边际成本组成）来代表生产技术。本书采用了 Melitz（2003）的研究假设，即假定劳动力投入与生产成本函数之间是线性关系，表示为：

$$TC(q) = f + c \times q/Q \tag{3-2}$$

其中：q 表示商品的产量；f 表示固定成本，且大于 0；c 表示投入生产要素劳动力的价格。

沿用梅利茨 Melitz（2003）的研究结果，当企业以更低的边际成本生产更多的差异化产品或者以相同的生产成本能够生产更多的差异化产品时，则称该企业的生产效率 θ 就越高。也就是说，每单位劳动生产的差异化产品越多，则单位劳动生产效率 θ 就较高，生产 q 数目的商品，需要的总成本 $TC(q)$ 便较低。

(4) 不同企业生产行为制约

因为不同企业采用的生产模式有所差别，所以面对的生产行为制约

也会不同。因此，针对国内生产型、出口贸易型、境外投资型这三类采用生产模式有所差别的企业，必须设定不同生产约束假定。

第一，国内生产行为。

假如企业 i 只在母国生产与营销商品，那么投入的成本应该包含固定成本 f_0^D 与变动成本 c_0/θ_i 。在此之中，c_0 代表了企业必须支付的劳动人员薪资。

第二，企业出口行为。

国与国之间进行商品的出口时，税收和交通运输成本是出口企业必须要付出的成本，即两国间贸易的融冰成本 $\tau_j > 1$，也就是说只有当商品出口国所获得的利润大于出口融冰成本时，两国之间才有发生贸易的可能性。因此，企业 i 对 j 国出口时，需要付出的成本就包括生产可变成本 c_i/θ_i 和出口所必须付出的融冰成本 f_j^X 。其中，出口国为增加其商品在东道国的销售额而构建销售渠道、服务体系、营销机构所付出的成本也应当认定成出口固定成本。

第三，对外直接投资行为。

假如企业 i 在国家 j 开展生产活动，那么成本应当包含可变生产成本 c_i/θ_i 与固定投资成本 f_j^I 。企业在东道国直接投资开展生产活动所形成的成本，也包含销售机构、营销平台、服务系统的建立成本，因此一般来说，可假设境外投资固定成本比出口固定成本更高，也就是 $f_j^I > f_j^X$ 。

3.4.2.2 生产基本面分析

(1) 消费者分析

根据效用最大化来进行求解，获得了表示消费者需求函数的公式，如下所示：

$$q_{ij} = A_{ij}p_{ij}^{-\varepsilon} \tag{3-3}$$

在此之中，q_{ij} 代表了商品 i 在国家 j 被顾客消费。

j 国整体需求参数如下所示：

$$A_{ij} = \frac{-I_j}{\int_{\omega \in \Omega} p_{ij}^{1-\varepsilon}(\omega)\, d\omega} \tag{3-4}$$

在此之中，I_j 表示整体收支；p_{ij} 表示 i 商品在国家 j 的营销价格。

（2）生产者分析

假设某国生产者处于垄断竞争市场，并且受益于规模效益使得企业的边际生产成本递减。在上述假定的前提下，当企业进入该市场后，为降低生产的边际成本，更倾向于通过扩大生产、提高产量的方式实现其规模效益，随着某种产品产量的不断提高，其在该行业中占有的市场份额逐渐提升，直至垄断该行业的全部生产需求。基于这一假定，其必然结果是一种产品只能由一个企业生产完成，这与 Dixit-Stiglitz 模型中关于垄断竞争的定义是一致的。也就是说，公式中的下标 i 既可以代表某种产品，也可以代表某个企业或行业。这种市场竞争结构，必然会导致企业在产品定价时采用垄断定价原则，即边际成本定价原则：

$$p\left(1 - \frac{1}{\varepsilon}\right) = MC \tag{3-5}$$

根据以上对国内生产者行为的假设，本书以其作为代表对生产者行为进行分析，这种分析方法同样适用于其他生产者的行为。

可以把某国生产者具有的边际成本作如下表达：

$$MC_{i0} = c_0 / \alpha\theta_i \tag{3-6}$$

那么商品定价的表达公式是：

$$p_{i0}^D = c_0 / \alpha\theta_i \tag{3-7}$$

把上述公式代入需求函数之内，获得了生产供应量，具体如下所示：

$$q_{i0}^D = A_{i0} \times p_{i0}^{-\varepsilon} \tag{3-8}$$

接着来求解企业在某国的生产收益函数：

$$\pi_{i0}^D = B_0 \left(\frac{c_0}{\theta_i}\right)^{1-\varepsilon} - f_0^D \tag{3-9}$$

其中 $\alpha = 1 - \frac{1}{\varepsilon}$；$A_{i0} = \frac{I_0}{\int_{\varepsilon \in \Omega} p_{i0}^{1-\varepsilon}(\omega)\, d\omega}$；下标 $i0$ 表示 i 企业的国内生

产，上标 D 表示境内消费；p_{i0}^{D}，q_{i0}^{D}，π_{i0}^{D} 分别表示为生产者在境内生产时对应的产品定价、产量和获得的利润；且 $B_0 \equiv (1-\alpha)\alpha^{\varepsilon-1}A_0$。

(3) 境内生产、出口和对外直接投资行为的定价及利润

基于上述假设，可以对企业境内生产、出口以及对外直接投资行为的产品定价和利润进行推导和求解。企业 i 的境内生产行为是指在国内进行生产并将产品直接提供给国内消费者，用以满足国内消费者的需求（分别以上、下标 D 和 $i0$ 表示）；企业 i 的出口行为是指将生产的产品通过出口的方式提供给国外消费者，用以满足国外消费者的需求（分别以上、下标 X 和 ij 表示）；企业 i 的对外直接投资行为是指其通过对外直接投资的方式，直接在东道国进行生产和销售，用以满足东道国消费者的需求（分别以上、下标 I 和 ij 表示）。

企业由于其生产行为的不同，即境内生产、出口以及对外直接投资，所面临的生产约束和需求约束条件也不尽相同。当企业进行境内生产和境内销售行为时，主要面临国内的固定成本投入、劳动成本投入和消费者需求函数的参数（分别使用 f_0^D、c_0、B_0 表示，0 代表母国）的生产和需求约束；当企业进行境内生产和境外出口销售行为时，由于其仍然在境内进行生产，同样面临国内的固定成本投入、劳动成本投入的生产约束，但由于产品的需求者为境外的消费者，其需求约束则是由境外消费者需求函数的参数构成的（分别使用 f_j^X、c_0、B_j 表示，j 代表境外国或者称为东道国）；当企业进行对外直接投资并在东道国进行生产和销售时，其面临的生产约束和需求约束主要包括固定成本投入、东道国的劳动成本投入和东道国消费者需求函数的参数构成的（分别使用 f_j^i、c_j、B_j 表示，j 代表东道国）。基于以上对企业生产者三种不同的生产行为方式所面临的生产和需求约束的假定，可以推导出三种不同生产行为方式企业的产品定价函数和利润函数：

第一，国内生产企业定价函数与收益函数：

$$p_{i0}^{D} = c_0/\alpha\theta_i \qquad \pi_{i0}^{D} = B_0\left(\frac{c_0}{\theta_i}\right)^{1-\varepsilon} - f_0^{D}$$

在此之中：$B_0 \equiv (1-\alpha)\alpha^{\varepsilon-1}A_0$，且 $\alpha = 1-\frac{1}{\varepsilon}$。

第二，境内企业出口定价函数和利润函数：

$$p_{ij}^X = \tau_{ij}c_0/\alpha\theta_i \tag{3-10}$$

$$\pi_{ij}^X = B_j\left(\frac{c_0\tau_j}{\theta_i}\right)^{1-\varepsilon} - f_j^X \tag{3-11}$$

其中，$B_j \equiv (1-\alpha)\alpha^{\varepsilon-1}A_j$。

第三，境内企业对外直接投资定价函数和利润函数：

$$p_{ij}^I = c_j/\alpha\theta_i \tag{3-12}$$

$$\pi_{ij}^I = B_j\left(\frac{c_j}{\theta_i}\right)^{1-\varepsilon} A_j \tag{3-13}$$

其中，$B_j \equiv (1-\alpha)\alpha^{\varepsilon-1}A_j$。

现实经济活动中，一国可以同时拥有境内生产、出口和对外直接投资三种生产行为的企业，为此，本书沿用赫尔普曼 Helpman 等（2004）的外生假定，即：

$$\frac{B_j}{B_0}f_0^D < (\tau_j)^{\varepsilon-1}f_j^X < \left(\frac{c_j}{c_0}\right)^{\varepsilon-1}f_j^I$$

另外，结合本书研究的实际情况，本书在后续的研究中会加入新的假设条件，并将其修改为：

$$\begin{cases} \frac{B_j}{B_0}f_0^D < (\tau_j)^{\varepsilon-1}f_j^X < \left(\frac{\gamma_{ij}\cdot c_j}{c_0}\right)^{\varepsilon-1}f_j^I \\ \lambda_j\cdot c_0 < \gamma_{ij}\cdot c_j < \left(\frac{B_j}{B_0}\right)^{\varepsilon-1}\cdot c_0 \end{cases} \tag{3-14}$$

3.4.2.3 三种企业生产行为的截断水平推导

(1) 截断水平含义

因为企业开展生产经营活动必须存在固定成本投入，唯有企业生产率到达某种程度时，才能使其获得的利润高于成本，保证其净利润大于

或等于零。从而将能够使企业净利润等于零的生产率定义为截断生产率，也称截断水平（cutoff level），表示为：

$\theta^{*}=\inf\{\theta:\pi(\theta)>0\}$，等价于 $\pi(\theta^{*})=0$。

由此可见，截断生产率 θ^{*} 是一个零截断利润条件（zero cutoff profit），即只有当企业的生产率高于 θ^{*} 时，企业才会进行生产，否则就会退出这一行业。

（2）横截条件推导

令 $\pi_{i0}^{D}=B_0\left(\frac{c_0}{\theta_i}\right)^{1-\varepsilon}-f_0^{D}=0$ 则有：

$$\theta_{-0}^{D}=\theta_i^{D}=(f_0^{D}c_0^{\varepsilon-1}/B_0)^{1/(\varepsilon-1)}=(f_0^{D}/B_0c_0^{1-\varepsilon})^{1/(\varepsilon-1)} \tag{3-15}$$

令 $\pi_{ij}^{X}=B_j\left(\frac{c_0\tau_{ij}}{\theta_i}\right)^{1-\varepsilon}-f_j^{X}=0$ 则有：

$$\theta_{-j}^{X_0}=\theta_{ij}^{X^{*}}\equiv\left[\frac{f_j^{X}}{B_j(c_0\tau_j)^{1-\varepsilon}}\right]^{\frac{1}{\varepsilon-1}} \tag{3-16}$$

令 $\pi_{ij}^{I}=B_j\left(\frac{c_j}{\theta_i}\right)^{1-\varepsilon}-f_j^{i}=0$ 则有：

$$\theta_{-j}^{I_0}=\theta_{ij}^{I_0{}^{*}}\equiv\left[\frac{f_j^{I}}{B_jc_j^{1-\varepsilon}}\right]^{\frac{1}{\varepsilon-1}} \tag{3-17}$$

根据上文的分析可以得出：只有企业生产率大于截断生产率时，企业才会进入该行业进行生产，即当且只有当 $\theta_i\geq\theta_{-0}^{D}$、$\theta_i\geq\theta_{-j}^{X_0}$、$\theta_i\geq\theta_{-j}^{I_0}$ 时，企业才会分别进行境内生产、出口和对外直接投资。因此说，企业生产率大于等于截断生产率是企业进行对应生产的必要条件。

通过对截断条件的推导可以看出：固定投资成本、边际生产成本与截断水平是正相关关系，而消费者需求参数则与其是负相关关系。也就是说，当某一行业固定投资成本和边际生产成本越高时，那么对参与行业的企业生产率必然会提出更高要求，如果消费者需求参数较大，那么对于参与行业企业的生产率要求必然会很低。

3.4.2.4 三种企业生产行为的选择

随着企业生产效率的提高，产品的产量会逐渐覆盖国内市场，在国内消费需求有限的情况下，对于一些生产效率和生产能力更高的企业则会选择出口和对外直接投资的生产行为，通过出口和对外直接投资的方式抢占东道国市场。由于各海外市场法律制度、资源禀赋、社会文化、消费习惯等差异以及企业自身的生产率，根据不同海外市场的特征有针对性地选择出口或对外直接投资的方式拓展海外市场。由公式（3-16）可以看出，企业出口利润主要是受到出口固定成本 f_j^x、出口融冰成本 τ_j、东道国消费者需求参数 B_j、本国劳动力成本 c_0 这四类成本和生产约束条件。由公式（3-17）可以看出，企业对外直接投资利润主要是受到对外直接投资的固定成本 f_j^I、东道国的消费者需求参数 B_j、东道国的劳动力成本 c_j 这三类成本和生产约束条件。企业会根据成本和生产约束条件进行预先判断，选择获取利润更多生产行为方式进行出口或对外直接投资。

根据公式（3-15）—（3-17）可以对异质性企业三种生产行为方式的选择策略进行判断：

由 $\pi_{i0}^D = B_0 \left(\frac{c_0}{\theta_i}\right)^{1-\varepsilon} - f_0^D = 0$ 得到：

$$\pi_{i0}^D = k^D \times \theta_i^{\varepsilon-1} - f_0^D \tag{3-18}$$

其中 $k^D = B_0 \times c_0^{1-\varepsilon}$。根据同样的推导方式可以得到：

$$\pi_{ij}^X = k_{ij}^X \times \theta_i^{\varepsilon-1} - f_j^X \tag{3-19}$$

$$\pi_{ij}^I = k_{ij}^I \times \theta_i^{\varepsilon-1} - f_j^I \tag{3-20}$$

其中 $k_{ij}^I = B_j \times c_j^{1-\varepsilon}$，$k_{ij}^X = B_j \times (\tau_j c_0)^{1-\varepsilon}$。

当在国内的生产达到一定规模，国内市场饱和后，企业会根据出口和对外直接投资方式获取利润的多少进行权衡，从而最终选择更为有利的方式进行海外市场的拓展。

令 $\pi_{ij}^{X}=\pi_{ij}^{I}$，就可以得到对外直接投资利润高于出口利润所必须具备的临界生产率 $\theta_{-j}^{I_1}$，即：

$$\theta_{-j}^{I_1} \equiv \left[\frac{f_j^I - f_j^X}{B_j\left[c_j^{1-\varepsilon} - (c_0\tau_j)^{1-\varepsilon}\right]}\right]^{\frac{1}{\varepsilon-1}} \tag{3-21}$$

在给定公式（3-14）的假设条件下，就可以依据生产效率对异质性企业三种生产行为方式的选择进行判断：当 $\theta_i < \theta_{-0}^{D}$，即企业生产效率低于国内生产的截断生产率时，企业就不会进入该行业进行生产或者被该行业所淘汰；当 $\theta_{-0}^{D} < \theta_i < \theta_{-j}^{X_0}$，$r_j$，即企业生产率介于国内生产和出口截断生产率时，企业会进入该行业进行生产，但由于其生产率有限，生产的产品只能满足国内市场的消费需求；当 $\theta_{-j}^{X_0} < \theta_i < \theta_{-j}^{I_0}$，$r_j$，即企业生产率介于出口和对外直接投资截断生产率时，企业会选择进入该行业进行生产，并且由于其生产率较高，生产的产品不仅能够国内市场的需求，而且由于有限的国内市场，还会将产品进行出口销售；当 $\theta_i > \theta_{-j}^{I_0}$，$r_j$，即企业生产率高于对外直接投资截断生产率时，企业会进入该行业进行生产，并且由于其更高的生产率，在满足国内市场需求后，还会并且有能力选择对外直接投资的方式拓展海外市场。

根据上述企业不同的生产率所选择的生产行为方式不同，结合公式（3-18）—（3-20）可以推导出企业采取三种不同生产行为方式所获得的总收益Π：

如果 $\theta_i < \theta_0^D$ 时，$\Pi=0$，那么公司无法进行任何生产活动；

如果 $\theta_0^D < \theta_i < \theta_{-j}^{X_0}$ 时，$\Pi=\pi_{i0}^{D}\left(\frac{c_0}{\theta_i}\right)^{1-\varepsilon}-f_0^D$，那么公司仅仅可以选取在国内生产；

如果 $\theta_{-j}^{X_0} < \theta_i < \theta_{-j}^{I_0}$ 时，$\Pi=\pi_{i0}^{D}+\pi_{ij}^{X}=B_0\left(\frac{c_0}{\theta_i}\right)^{1-\varepsilon}+\left(\frac{c_0\tau_j^k}{\theta_i}\right)^{1-\varepsilon}-f_0^D-f_j^X$，那么公司会选取国内生产和出口两种生产行为方式；

如果 $\theta_i > \theta_{-j}^{I_0}$ 时，$\Pi=\pi_{i0}^{D}+\pi_{ij}^{I}=B_0\left(\frac{c_0}{\theta_i}\right)^{1-\varepsilon}+B_j\left(\frac{c_0}{\theta_i}\right)^{1-\varepsilon}-f_0^D-f_j^X$，此

时企业会选择境内生产和对外直接投资这两种生产行为方式。

3.4.3 HMC-FMEC模型的修正

3.4.3.1 经典HMC-FMEC模型的不足

HMC-FMEC模型由企业异质性效率入手进行深入分析，以此解释企业对外直接投资的生产行为方式所产生的原因，但在企业的实际生产运营中，经典HMC-FMEC模型对企业对外直接投资影响要素的描绘具有诸多缺陷，具体来说体现于如下三点。

第一，HMC-FMEC模型简单的假定异质性企业在东道国进行生产经营时所付出的生产成本是一致的，无法如实反馈出行业各个企业的成本差别。不同行业由于其生产经营的特性不同，所付出的成本必然也有差别，比方说咨询行业企业和芯片制造企业花费的成本相差悬殊，就算在同个东道国生产产品，因为行业竞争结构明显不同，必然会对企业参与成本形成巨大的影响。据此得知，HMC-FMEC模型无法展示各个行业对企业生产成本具有的影响。

第二，HMC-FMEC模型指出企业可以通过对外直接投资的方式拓展海外市场，根本原因在于其自身拥有更高的生产效率，能够满足国内市场和海外市场的需求，但并未明确这种生产效率优势的来源。关于发展中国家对外直接投资的现有研究表明，不管是规模技术理论或者产业升级理论，均将技术作为驱动要素，并且技术具有的功能表现出双面性。即发展中国家是为获得母国并不具有的技术资源，进而决定对外直接投资，而HMC-FMEC模型对此并没有做出阐述。

第三，HMC-FMEC模型阐述的企业对外直接投资行为中包括隐性假定前提条件，也就是说同一个企业出口和对外直接投资生产行为方式两者之间是相互独立的互斥关系，即两种生产行为方式不能同时存在。换句话说，在生产企业与东道国确定的情形之下，企业仅仅可以选择对外

直接投资以及对外出口两种生产行为方式中的一种拓展海外市场。这一隐性假设显然与企业现实生产经营活动相矛盾。企业在实际生产经营活动中，通常会同时采用出口和对外直接投资两种生产行为方式拓展海外市场，尤其是当对外直接投资的生产行为方式能够促进企业出口的情况下，更容易促使企业将这两种生产行为相结合。

3.4.3.2 经典 HMC-FMEC 模型的修正

(1) 对于行业进入影响因素的修正

企业选择进入某一行业的主要影响是额外增加其需要付出的投资成本，也就是说，企业通过对外直接投资的形式参与东道国某个行业开展生产活动，必须要投入比行业之中先进入企业更为高昂的成本，这些成本来自行业进入壁垒。因此，本书将企业进入某一行业的进入壁垒刻画为进入困难程度，即 $\gamma_{ij} > 1$，且 $f_{ij}^{I} = \gamma_{ij} \times f_j^{D}$、$c_{ij}^{I} = \gamma_{ij} \times c_j$，分别表示企业进入东道国所需付出的生产成本是境内生产所需付出成本的 γ_{ij} 倍数，进而使行业出现了差别化。

(2) 因为 HMC-FMEC 模型运用了静态平衡的剖析方式，不能把生产效率跨期提高加入至模型里做深入的剖析，所以本书引进了逆向技术溢出效应变量，ν_{ij} 代表某国公司技术获得，假如 $\nu_{ij} > 1$，意味着具备明显的逆向技术溢出效应。

(3) 另外，本书假设同个企业出口和对外直接投资这两项生产行为是能够共同进行的，而且将获得收益最大化当作决策根据。

3.4.3.3 修正模型的生产方式

由于本书研究的是企业对外直接投资问题，因此将研究重点集中于 $\theta_{-j}^{X_0} < \theta_i < \theta_{-j}^{I_0}$ 和 $\theta_i > \theta_{-j}^{I_0}$ 这两种企业类型，即有能力通过出口或对外直接投资的方式拓展海外市场的企业。

给定企业 θ_i 根据其拥有的生产效率以及东道国 j 的成本和生产条件约束以及逆向技术溢出效应 ν_{ij} 的共同作用下，企业存在三种可能的生产行为方式组合，且可以推导出不同生产行为方式组合下企业所获得的利润：

第一，企业同时开展国内生产与商品出口，那么获得的收益是：

$$\Pi_{ij}^{DX}=\pi_{i0}^{D}+\pi_{ij}^{X}=B_0\left(\frac{c_0}{\theta_i}\right)^{1-\varepsilon}+B_j\left(\frac{\tau_j c_j}{\nu_{ij}\theta_i}\right)^{1-\varepsilon}-f_0^D-f_j^X \quad (3-22)$$

第二，企业同时开展国内生产与对外直接投资，获得的收益是：

$$\Pi_{ij}^{DI}=\pi_{i0}^{D}+\pi_{ij}^{I}=B_0\left(\frac{c_0}{\theta_i}\right)^{1-\varepsilon}+B_j\left(\frac{\gamma_{ij} c_j}{\theta_i}\right)^{1-\varepsilon}-f_0^D-\gamma_{ij}f_j^D \quad (3-23)$$

第三，企业同时开展商品出口、国内生产与对外直接投资，获得的收益是：

$$\Pi_{ij}^{DXI}=\pi_{ij}^{D}+\pi_{ij}^{X}+\pi_{ij}^{I}$$

即：
$$\Pi_{ij}^{DXI}=B_0\left(\frac{c_0}{\theta_i}\right)^{1-\varepsilon}+B_j\left(\frac{\tau_j c_j}{\nu_{ij}\theta_i}\right)^{1-\varepsilon}+B_j\left(\frac{\gamma_{ij} c_j}{\theta_i}\right)^{1-\varepsilon}-f_0^D-f_j^X-\gamma_{ij}f_j^D$$

(3-24)

由利润表达公式（3-22）—（3-24）可知，企业对外直接投资做出的决策由本质而言，受到异质性企业与东道国交易壁垒、劳动力成本之间的相符程度影响。首先，从企业角度讲，在企业生产效率既定的情况下，企业出口和对外直接投资活动会受到各种行业与区位要素的影响；其次，由行业视角来说，行业竞争结构清晰、具体的情形之下，唯有东道国区位要素才可以吸引母国企业开展对外直接投资；最后，由东道国视角来说，确定对企业生产决策具有影响的区位要素不具有东道国异质性时，东道国才可以吸引母国企业在国内进行直接投资。

3.4.3.4 不同行业壁垒的投资决策

在企业实际的生产经营活动中，就算生产效率一致的两个企业在同个东道国开展直接投资活动，也可能会由于所处行业的差别而对其投资收益产生较大的影响。正如前文 3.4.3.2 中所述，$\gamma_j^k>1$ 代表美国企业 k 对东道国 j 直接投资面对的外来者劣势程度，所以可把对应的固定海外投资成本定义为：$f_j^{1-k}=\gamma_j^k\times f_j^D$ 。由此可见，母国企业 k 投资东道国 j 所面临

的外来者劣势程度越高，其付出的海外投资成本就更大。所以，可把母国企业 k 对东道国 j 直接投资的截断生产率确定成：

$$\theta_{-j}^{I_{1-k}} = \left[\frac{\gamma_j^k f_j^D - f_j^X}{B_j\ (\gamma_j^k c_j)^{1-\varepsilon} - B_j\ (\tau_j c_j)^{1-\varepsilon}}\right]^{\frac{1}{\varepsilon-1}}$$

确定企业生产效率 θ_i，母国企业 k、两个东道国 $j=1$ 和 $j=2$，并且对于企业生产率 θ_i 来说，其在两个东道国分别进行投资时，所付出的投资成本差异只受到行业间不同的外来者劣势程度 γ_1^k 和 γ_2^k 的影响。假定 $\gamma_1^k < \gamma_2^k$，即与东道国 2 相比，母国企业 k 在给定企业生产效率 θ_i 的情况下，东道国 1 的投资环境更适合母国企业 k。进一步假设企业生产效率 θ_i 仅能够满足其在东道国 1 进行投资活动，即：$\theta_i = \theta_{-j=1}^{I_{1-k}}$。由于 $(\partial\ \theta_{-j}^{I_1}/\partial\ \gamma_j^k) > 0$，因而 $\theta_i = \theta_{-j=1}^{I_1} < \theta_{-j=2}^{I_2}$，即当企业具备生产率 θ_i 时，不具备投资东道国 2 的能力，由此可以得出如下结论：

结论：其他条件维持不变的情形之下，企业在母国与东道国面对的行业差距较小，那么东道国更加易于吸引母国企业对其直接投资。

3.4.3.5 差别性技术的投资决策

与对 γ_j^k 的采取的分析方法类似，令母国企业 k 投资东道国 j 并通过战略资产的获取而得到的平均逆向技术溢出效应为 ϑ_j^k，并且 $\vartheta_j^k = (\nu_j^k)^{\varepsilon-1} > 1$。由于企业决策者在决定是否对东道国 j 进行对外直接投资时，对所能获得的逆向技术溢出效应并不知晓，而且逆向技术溢出效应也会随着东道国的不同而存在差异。因此，为便于后续的研究，假定企业决策者会根据行业平均逆向技术效应而对是否在东道国 j 对外直接投资进行决策。

考虑到企业即便实行战略型对外直接投资所获得的战略资产一样，因为母国生产条件有所差别，也就是说母国和东道国拥有的后发优势具有明显的悬殊，造成战略资产对企业提升生产率具有的影响程度不尽相同。由此，可以将东道国 j 吸引战略型对外直接投资的截断生产率确认成：

$$\theta_{-j}^{I_{1-k}} = \left(\frac{\gamma_j^k f_j^D}{(\vartheta_j^k - 1)\ (B_j c_0^{1-\varepsilon} + B_j\ (\tau_j c_j)^{1-\varepsilon}) + B_j\ (\gamma_j^k c_j)^{1-\varepsilon}}\right)^{\frac{1}{\varepsilon-1}} \quad (3\text{-}25)$$

确定企业生产率 θ_i，k 母国企业面对东道国 $j=1$ 和 $j=2$，并且只存在战略资产生产效率的不同，即 ϑ_1^k 和 ϑ_2^k 存在差异。假定 $\vartheta_1^k > \vartheta_2^k$，即投资于东道国 1 所获得的技术溢出效应高于其投资于东道国 2 所获得的技术溢出效应。同时假定企业生产率 θ_i 大于投资东道国 1 所必须具备对外直接投资截断生产率，即 $\theta_i > \theta_{-j}^{I_2-1}$，由于 $(\partial\ \theta_{-j}^{I_2-k}/\partial\ \vartheta_j^k) < 0$，进一步推出 $\theta_i = \theta_{-j}^{I_2-k} < \theta_{-j}^{I_1}$，即企业所具备的生产率 θ_i 只能满足其在东道国 1 进行对外直接投资，而不能在东道国 2 进行对外直接投资。由此可以得到如下结论：

结论：假定其他条件不变的情况下，母国通过对东道国的对外直接投资所获得的逆向技术溢出效应越高，则母国更倾向于在该东道国进行对外直接投资的生产经营活动。

3.4.4　基于 HMC-FMEC 模型的对外直接投资风险因素分析

3.4.4.1　对外直接投资风险因素

根据前文 HMC-FMEC 模型的理论推导结果，可以将民营企业对外直接投资面临的风险要素总结成三个，首先是区位风险要素，其次是行业风险要素，最后是技术风险要素。在此之中，区位风险要素包含宏观层面的国家风险要素，它指的是某个国家经济、社会、政治等宏观层面的发展环境是否对企业对外直接投资活动具有影响；行业风险要素包含东道国各个行业竞争情况，它指的是企业参与某个行业面临的准入壁垒、上游和下游企业合作关系、厂商维持的态度等要素，这是对中观环境所做的剖析；技术风险要素是由微观角度入手进行深入剖析，包含企业在东道国与母国中间因为投资活动所产生的技术溢出与转移要素，它指的是技术对企业内部效率提高的可能影响。

3.4.4.2　中国企业对外直接投资风险因素的作用机理分析

对民营企业对外直接投资具有影响的风险要素并不是彼此单独的，

其相辅相成，彼此影响，互为补充（见图 3-5）。整体而言，包含如下五方面。

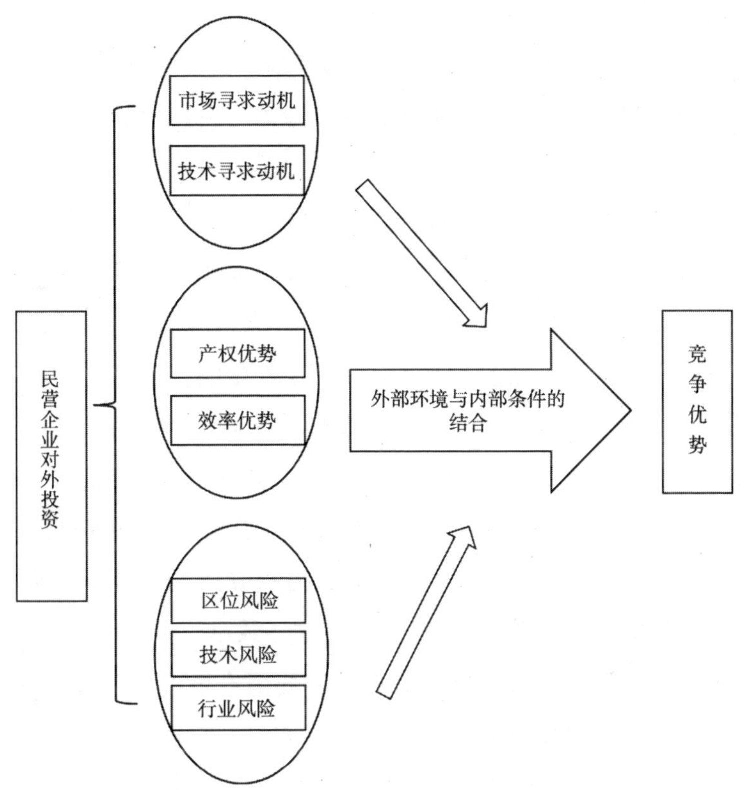

图 3-5 中国民营企业对外直接投资风险要素作用原理图

其一，企业对外直接投资所具有的推动力来源企业对内部生产效率的重视，假如企业生产效率较高，那么很有可能得到更高的收益，减少生产成本，形成比较优势，进而更好地开展对外直接投资活动。企业对外直接投资的生产经营活动的最终目的也是为企业获得或者能够保持这种效率优势而进行的。企业可以通过两种方式获得这种效率优势：首先利用寻找更为广泛的市场，通过目前的效率优势来提升企业利润，其次是为获得领先的技术手段，进而维持企业在国际市场里的效率优势。

其二，根据对企业生产效率具备的异质性分析，国内民营企业对外直接投资具备的优势更加显著。这是由于和国企对比，民营企业具备显著的产权优势与效率优势。

其三，企业对外直接投资活动是否可以获取最终的成功，和其在某国具有的效率优势是否可以抵除因跨国投资所引发的风险亏损息息相关。唯有企业所获得的收益高于为克服这些风险因素所付出的成本时，企业的对外直接投资活动才可以获得良好成效。

其四，企业对外直接投资面临的风险要素非常多。从宏观角度来说，面临区位风险要素；从中观角度来说，面临行业风险要素；从微观角度来说，面临技术风险要素。在此之中，技术风险要素是最为主要的要素，其对企业在东道国的产品生产效率具有决定性影响，行业风险对企业参与东道国市场投入的成本具有决定性影响，参与成本较高，说明企业生产效率严重下滑，参与成本较低，说明企业生产效率有所提高。

其五，区位风险要素对企业对外直接投资活动具备不容忽视的积极影响。一方面关乎参与市场投入的成本，另一方面关乎参与市场的可能性。宏观层面的国家风险是无法规避的，这导致尽管企业存在效率优势，依旧很难参与东道国市场，并且极有可能使国家风险转变成成本问题，造成参与市场成本居高不下。通常而言，市场经济体制较为完善和成熟的国家，出现国家风险转变成成本问题的概率非常低。另外，有序的市场交易规则是企业得到逆向技术溢出效应必不可少的核心条件。

由此可见，企业在实施对外直接投资活动时，将技术作为依附，将效率作为前提，将产业作为媒介，将区位作为重点，这是一种综合经营策略的选择。

3.5 本章小结

本章在对现有理论和文献的基础上，以企业异质性效率作为研究的出发点，对中国民营企业对外直接投资动机进行了深入的分析。通过对

经典 HMC-FMEC 模型进行修订，将行业进入壁垒、生产效率的跨期提高、出口与对外直接投资两项经济活动的同时进行等因素引入经典 HMC-FMEC 模型前提假设，从而由民营企业视角入手指出基于异质性投资效率所形成的区位、行业、技术风险对对外直接投资产生的影响及影响机理，为本书后续的分析和研究提供理论基础。

第四章　民营企业对外直接投资的区位风险

4.1　民营企业对外直接投资区位选择现状

4.1.1　中国企业对外直接投资区位分布

尽管中国对外直接投资项目兴起得非常晚，然而发展速度相当快，根据商务部发布的相关数据可知，2002 年到 2010 年，中国对外直接投资呈现不断增加的趋势，每年平均增长速度超过了 39%。2007 年至 2013 年，尽管面临国际金融危机的威胁，使得国内外各个国家交易量严重下滑，生产规模缩减，然而中国对外直接投资仍然维持着 22.9%的增速，处于国际第三大对外直接投资国的地位。到 2016 年中国超越日本，成为仅次于美国的世界第二大对外直接投资国。

随着中国对外直接投资规模的快速扩大与投资能力的进一步提高，国内企业对外直接投资区位选择由早期侧重于选择和中国相邻、制度类似的国家逐渐转变成跨地区、跨国家的对外直接投资，比方说 2016 年，国内企业对外直接投资涉及了世界上 178 个国家，整体覆盖率超过了 76%，对外直接投资净额高达 1830 亿美元。在此之中，亚洲区域占据的比重达到 74.4%，欧洲区域占据比重为 4.9%，非洲区域占据比重为

2.1%，北美洲区域占据比重为7.3%，拉丁美洲占据比重为8.6%，大洋洲占据比重为2.7%。从近几年的对外直接投资区位变化趋势来看，亚洲地区由于地理距离、社会文化等地缘优势使其一直是中国对外直接投资的主要区域；对于拉丁美洲的投资变动幅度较大，主要原因是流入拉丁美洲的对外直接投资额中将近90%的资金会涌入开曼群岛等号称“避税天堂”的区域。在全球金融危机的影响下，对北美洲与欧洲等国家与地区的直接投资表现出增长的态势，并且很多直接投资涌入美、英、法、德等诸多西方发达国家，尽管对大洋洲与非洲等地区的直接投资维持着不断增加的趋势，然而总体来说增幅较小。

表4-1　中国对各洲投资净额（2007—2016年）（单位：亿美元）

地区	2016	2015	2014	2013	2012	2011	2010	2009	2008	2007
亚洲	1362	1084	850	756	648	455	449	404	435	166
非洲	38	30	32	34	25	31	21	14	55	16
欧洲	90	72	108	59	70	83	68	34	9	15
拉丁美洲	158	126	105	143	61	119	105	73	37	49
北美洲	134	107	92	49	48	25	26	15	3	11
大洋洲	48	38	43	37	24	33	19	25	20	8

注：数据来源于历年统计年鉴。

4.1.2　民营企业对外直接投资的区位特点

近年来，随着中国对外直接投资的进程日益加快，民营企业“走出去”速度明显提升，并且表现出新型的特征。

（1）境外投资规模明显扩大，独立投资是最佳选择

《2017年中国民营企业五百强调研分析报告》显示，2016年全年国内民营企业前五百强里，进行境外直接投资的企业达到了239个，比2015年的204家略有增长，海外投资案例从2015年的365件增至2016年的403件，增幅略大于海外投资企业的增幅；2010—2016年短短7年之

间，民营企业处于前五百强的企业实施境外投资的数目由 2010 年的 137 个增长到 2016 年的 183 个，并且境外投资案例从 32 件猛增到 403 件，尤其是 2014 年呈现跳跃式增长（如表 4-2 所示）。由此可见，中国民营企业五百强海外投资的步伐明显加快，积极参与海外市场拓展，进一步深化其国际化进程。

表 4-2　中国民营企业五百强海外投资状况（2010—2016 年）

	2016	2015	2014	2013	2012	2011	2010
已开展海外投资企业	183	172	166	143	159	150	137
海外投资案例	403	365	321	87	36	33	32

注：数据来源于《2017 年中国民营企业五百强调研分析报告》。

从表 4-2 以看出，中国民营企业五百强对外直接投资无论从投资规模还是从参与个体方面，均呈现明显的增长态势。按照民营企业五百强投资规模分布来看，2015—2016 年，参与对外直接投资的民营企业的投资规模主要集中于 1000 万到 10 亿美元之间，占比达到 70%以上；而投资规模在 10 亿美元以上的企业从 4 家增长到 6 家，但占比仅为 26%（如图 4-1 所示）。

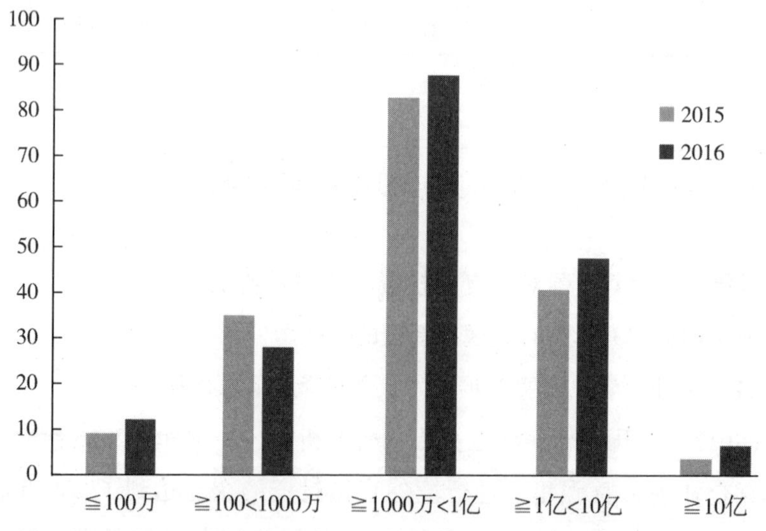

图 4-1　2015—2016 年民营企业五百强对外直接投资金额分布（单位：美元）

《2017 中国民营企业五百强调研分析报告》统计结果显示：首先是 2015—2016 年，民营企业五百强实施对外直接投资战略的主要动机是国内市场需求不足，急需拓展海外市场，占比均达到 25%以上；其次是充分利用国外生产要素和海外广阔市场，提高生产效率和成本优势，提升产品市场份额；此外，企业为获取先进技术和人才、全球化战略布局、规避汇率风险和贸易壁垒、获取生产原材料等也是其对外直接投资的重要动机（如表 4-3 所示）。

表 4-3　2015—2016 年中国民营企业五百强对外直接投资主要动机

对外直接投资动机	民营企业数量（单位：个）	
	2016	2015
拓展海外市场	51	46
国内外资源和市场	39	36
全球战略布局	32	29
技术和人才	22	24
原材料	18	19
规避汇率风险	8	7
规避贸易壁垒	6	5
产业转移	5	5
其他	2	1

注：数据来源于《2017 年中国民营企业五百强调研分析报告》。

近年来，随着民营企业自身的发展壮大以及国家推行了“走出去”发展策略，使得境外投资设厂逐渐变成了排名前五百强的民营企业进行对外直接投资的主要形式。《2017 中国民营企业五百强调研分析报告》统计结果显示：2013—2016 年，五百强民营企业利用在境外建设厂房等方式的对外投资数目不断攀升，且一直处于领先位置，历年占比都达到 40%以上。值得关注的是，近年来参与海外兼并的民营企业数量出现明显增加的趋势，由 2010 年的 12 家增加到 2016 年的 31 家，增幅达到 2 倍以上，这说明中国民营企业的资本实力逐渐增强，能够通过兼并、重组海外企业的方式实现其全球化的扩张（如表 4-4 所示）。

表 4-4　2010—2016 年民营企业五百强对外直接投资主要方式

投资方式	企业数量（单位：个）						
	2016	2015	2014	2013	2012	2011	2010
独资建厂	77	72	78	60	68	63	58
合资建厂	51	49	42	48	53	50	46
兼并海外企业	31	27	23	13	14	14	12
参股海外企业	24	24	23	22	24	23	21

注：数据来源于《2017 年中国民营企业五百强调研分析报告》。

根据《2017 中国民营企业五百强调研分析报告》的调研结果，民营企业主要采取独立投资和与外商企业联合投资的形式实施对外直接投资，占比达到 70%以上。2016 年实施对外直接投资的五百强民营企业中，有 97 家采取独立对外直接投资的形式，比 2015 年增加 14 家；有 44 家采取与外商联合实行对外直接投资，与 2015 年持平。值得关注的是，2016 年采取与国有企业联合实行对外直接投资的民营企业由 2015 年的 21 家减至 18 家，这主要是受到国有企业运行机制过于僵化以及民营企业日益增强的竞争优势的影响所至（如图 4-2 所示）。

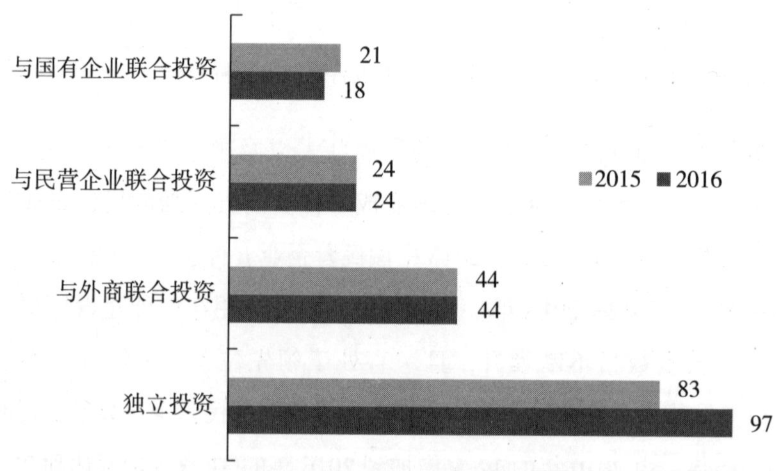

图 4-2　2015—2016 年民营企业五百强对外直接投资形式（单位：个）

从五百强民营企业对外直接投资的区域分布来看（如表 4-5 所示），海外投资案例主要集中在亚洲地区及东盟十国，2016 年共有 180 件民营企业对外直接投资案例发生在亚洲国家和地区（其中：港澳台 54 件、东盟十国 41 件、日韩 37 件、其他国家 48 件），其主要目的是建立海外市场营销网络。此外，中国五百强民营企业在欧盟、非洲、美国、加拿大等国家或地区对外直接投资的案例数量也较大。

中国民营企业会依据不同的经营目的（比如：构建海外营销网络、建立海外生产基地、设立研发中心、海外工程承包等）有针对性地选择不同的国家或地区进行对外直接投资。从表 4-5 可以看出，2016 年中国五百强民营企业 400 多起对外直接投资案例中，主要是为构建海外营销网络而展开的，且遍布世界各地；其次，在非洲和除日韩的亚洲国家，中国民营企业主要是利用廉价的劳动力、良好的国际关系，以对外直接投资的方式直接在海外建厂或者承包海外工程；在东盟十国和南美洲等国家，中国民营企业主要是利用当地丰富的自然资源来进行以资源开发为主的对外直接投资；而中国五百强民营企业设立研发中心的对外直接投资则主要集中在欧盟、美国、加拿大等拥有先进技术和高科技人才的发达国家。

表 4-5　2016 年民营企业五百强境外经营类别状况（单位：件）

国家与地区	投资案例	构建销售网络	构建生产公司	成立开发中心	开展资源开辟	进行项目承包
港、澳、台	54	47	2	3	2	2
东盟十国	41	34	9	3	4	4
亚洲其他国家	48	35	8	3	3	9
日本、韩国	37	32	2	2	0	1
欧盟	37	33	3	4	0	1
非洲	37	24	4	1	4	3
美国、加拿大	36	32	3	4	2	2

续表

国家与地区	投资案例	构建销售网络	构建生产公司	成立开发中心	开展资源开辟	进行项目承包
北美洲其他国家	15	13	1	0	0	1
南美洲	30	25	2	1	3	3
俄罗斯	26	21	2	0	0	4
欧洲其他国家	21	18	2	1	1	1
大洋洲	21	19	2	0	2	3

注：数据来源于《2017 年中国民营企业五百强调研分析报告》。

(2) 国际贸易摩擦有所增加，应对能力进一步提高

对外直接投资必然面临的问题是因国际贸易保护主义而导致的贸易摩擦的产生。近年来，由于全球经济增长乏力，各国贸易保护主义抬头，加之中国民营企业参与国际化的进程不断深入，其面临的贸易摩擦不断增加。依据《2017 年中国民营企业五百强调研分析报告》可知，2016 年中国五百强民营企业对外直接投资面临的贸易摩擦高达 133 起，比 2015 年增加 27 起。从贸易摩擦类型来看，民营企业对外直接投资主要面临知识产权保护、反倾销和反补贴这三类贸易摩擦。2016 年这三类贸易摩擦案件占到全部贸易摩擦案件的 85%以上，分别发生 51、42、24 起，均比 2015 年有所增加。其中，知识产权类贸易摩擦一直是中国民营企业对外直接投资面临的主要贸易摩擦类型（如图 4-3 所示）。

随着民营企业对外直接投资所面临的国际贸易摩擦案件日益增加，中国五百强民营企业逐渐开始学习通过世界贸易组织有关规则积极应对国际贸易摩擦案件，维护自身的利益。《2017 中国民营企业五百强调研分析报告》的调研结果显示，中国五百强民营企业主要采取应诉、协商、起诉、仲裁、不应对等五种应对措施解决国际贸易摩擦问题。如图 4-4 所示，2015—2016 年间，中国民营企业采取应诉解决国际贸易摩擦问题大幅增加，从 2015 年的 29 起猛增到 2016 年的 51 起；采取协商、起诉和

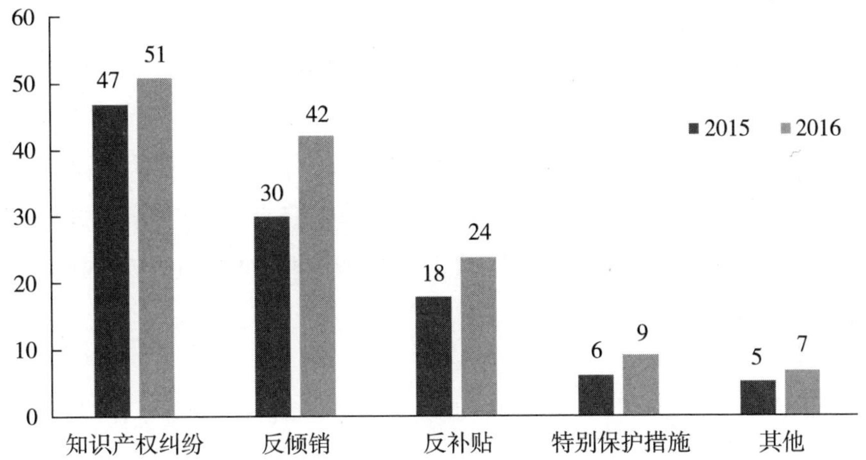

图 4-3　2015—2016 年民营企业五百强遭遇贸易摩擦类型（单位：起）

仲裁的方式也呈现不同幅度的增长；而采取不应对措施的案件则从 2015 年的 6 起降至 2016 年的 2 起。由此可见，随着中国民营企业对外直接投资的发展，在应对国际贸易摩擦问题上，逐渐改变以往消极被动的局面，更多的是采取主动应诉、协商等积极的措施解决国际贸易摩擦问题。

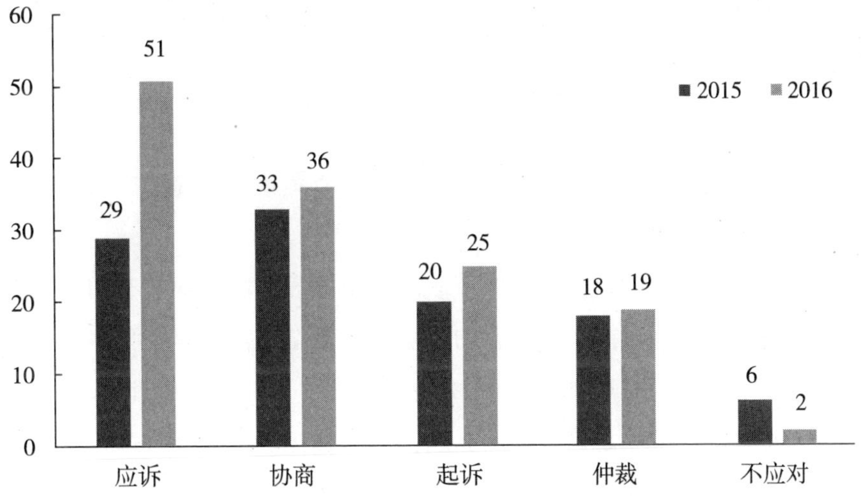

图 4-4　2015—2016 年民营企业五百强应对国际贸易摩擦对策（单位：起）

中国民营企业在解决国际贸易摩擦时，由于自身在经济实力、法律法规熟知度等方面处在明显的劣势地位，因此在处理国际贸易摩擦问题时需要依靠本国政府、同行、商会等外部力量的协助。《2017 中国民营企业五百强调研分析报告》的调研结果显示：中国五百强民营企业在遭遇到国际贸易摩擦时，依靠政府的企业数从 2015 年的 22 家增长至 2016 年的 36 家；联合同行共同应对的民营企业数从 2015 年的 19 家增至 2016 年的 35 家；借助商会力量解决国际贸易摩擦的企业数从 2015 年的 18 家增至 2016 年的 28 家（如图 4-5 所示）。

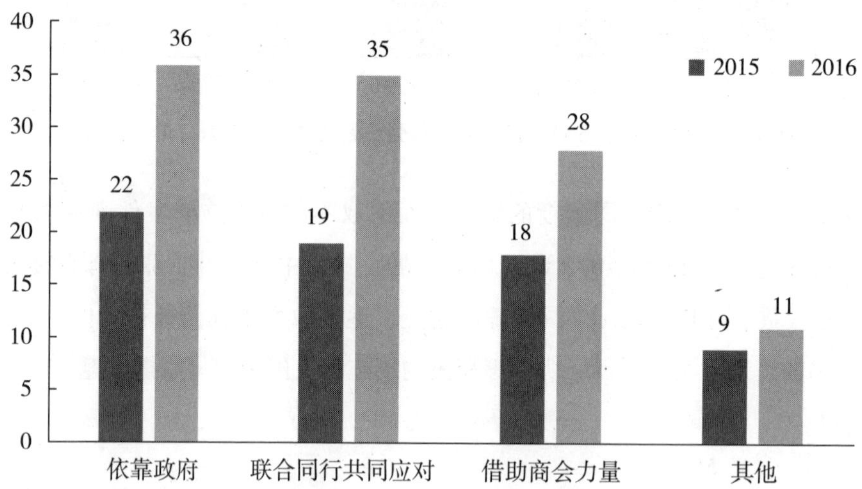

图 4-5　2015—2016 年五百强民营企业解决国际贸易摩擦依附的外界力量（单位：家）

（3）境外市场开辟面对运营人才匮乏、审批流程繁杂、全球经济局势动荡不安的现状

因为各国经济背景、文化习俗、法律制度等诸多方面具有明显的差别，使得企业对外直接投资面临的环境极为复杂，需要承担更多的投资风险，特别是中国民营企业由于发展历史较短、自身经营管理水平有限、对外直接投资经验不足等因素的影响，使得其在实施对外直接投资战略时面临更多的内部和外部困难。从中国五百强民营企业对外直接投资的实际经营情况来看，严重缺乏海外拓展经营业务人才是影响其对外直接投资的最主要因素，而对外直接投资经验不足、对国际市场的分析和投

资环境的判断失误是影响其对外直接投资的主要外部因素。从表 4-6 中可以看出，历年来，中国五百强民营企业对外直接投资尤其内部因素导致的困难主要有海外经营人才的缺失、投资经验不足、对海外市场环境缺乏认识等。

表 4-6 2011—2016 年五百强民营企业对外直接投资面临内部困难分类

内部因素	企业数量（家）					
	2016	2015	2014	2013	2012	2011
缺少海外经营人才	49	47	48	42	47	44
经验不足	32	30	27	24	27	26
不了解海外投资环境	29	24	22	19	21	20
缺乏商务信息和市场分析	24	24	25	23	25	24
缺乏对政策的理解和有效使用	19	18	16	15	16	15
缺乏资金	12	9	9	4	5	4
产品或服务缺乏国际竞争力	11	12	10	10	11	11
缺乏自我保护和维权能力	7	8	9	6	6	6

注：数据来源于《2017 年中国民营企业五百强调研分析报告》。

中国五百强民营企业对外直接投资面临的外部困难主要来自国内和国外两个方面，其中：国内方面主要包括严格复杂的审批制度和外汇管理制度、缺失本国企业间的有序协调和企业外贸服务中介等；国外方面主要包括复杂的国际政治经济环境、东道国的政策变化和审批流程、东道国的市场秩序和基础设施建设等方面。从表 4-7 可以看出，国内审批流程复杂和严格的外汇管理制度一直是中国民营企业对外直接投资面临的主要困难，而因本国企业间的有序协调所带来的困难呈现逐年递减的趋势，这说明随着中国民营企业参与对外直接投资的数量日益增加，企业之间更重视彼此之间的协同合作。从国际方面来看，2011—2016 年，复杂多变的国际政治经济形势、东道国政策的多变和审批流程也是中国民营企业对外直接投资所一直面临的主要国际困难，尤其是受复杂多变的国际政治经济形势影响而导致其对外直接投资困难的企业数量呈现逐年递增的趋势。

表 4-7　2011—2016 年五百强民营企业对外直接投资面临外部困难分类

外部因素	企业数量（家）					
	2016	2015	2014	2013	2012	2011
外因——本国						
审批程序复杂	23	23	21	20	22	21
外汇管制严格	16	15	12	10	12	11
缺乏本国企业之间的有序协调	15	17	19	18	20	19
缺少针对企业外贸的中介服务	13	11	11	9	10	10
我使馆对企业指导不够	5	7	6	4	4	4
外因——国际						
国际政治经济形势多变影响	36	35	23	24	26	25
东道国政策多变	16	15	26	23	26	24
东道国审批程序复杂	11	8	8	7	8	8
企业合法权益得不到保障	10	8	7	4	5	4
东道国出入境管制过严	9	8	9	6	7	7
东道国市场秩序较差	8	7	8	4	5	4
东道国基础设施落后	8	8	8	5	6	5
海外员工安全不能保障	6	5	3	0	0	0
东道国行业垄断	6	5	0	0	0	0
其他	1	0	7	8	9	8

注：数据来源于《2017 年中国民营企业五百强调研分析报告》。

4.1.3 民营企业对外直接投资区位选择因素——基于效率视角

本书第三章中已经分析了民营企业对外直接投资将效率作为前提，技术与市场寻求动机在于提高企业效率，因此本节围绕着民营企业对外直接投资具有的特征，深入分析了对外直接投资活动风险影响要素。

（1）市场寻求动机剖析

中国对亚、非等诸多发展中国家进行对外直接投资，都能够利用市场寻求动机做出阐释。大多数发展中国家的共同特征均为自然资源丰富、机制不够健全、市场发展前景广阔、国家对行业干涉能力很强。在这一情形之下，政治风险要素表现得异常突出。假如企业面临政治风险，一方面会形成巨大的利润亏损，另一方面会阻碍企业生产运营活动的有序进行，并且政治风险对实施跨国投资的企业而言，通常难以回避。这就要求中国开展对外直接投资的民营企业不但要了解东道国的政策环境，还需要具备适应环境不足的能力，因此，需要实施对外直接投资的民营企业和本地利益集团构建密切的关系，通过利益关系等政治机制的缺陷，快速在东道国市场中占据一席之地。这对国内民营企业而言，尽管面临的风险非常大，然而因为制度类似且共同属于发展中国家，因此拥有充足的经验来适应投资环境，可以利用很低的境外投资成本得到在东道国进行生产、运营需要的核心资源，因此和直接向西方发达国家进行投资对比，将投资重点放置于发展中国家可以获得很高的利润。虽然发展中国家政治风险较高，然而如果可以采用行之有效的举措回避政治风险，那么必然可以使国内企业充分使用累积的风险应对经验，获得超额利润。

（2）技术寻求动机剖析

国内民营企业在对西方发达国家进行投资时，更加侧重于技术寻求动机。现如今，中国处在产业结构转型关键期，支持产业结构调整最为主要的因素为领先的技术手段。技术革新与创造离不开良好的市场环境作为支持，在一国不能营造优越的市场环境的情形之下，利用对外直接投资获取核心战略资产是很多企业的最佳选择，依附于东道国领先的技术手段，国内民营企业可以提高生产效率，稳固竞争优势，增强国际竞争实力。

整体而言，在笔者看来，国内民营企业对外直接投资具有重大影响的宏观要素包含制度风险要素与政治风险要素，后续本节将利用引力模型进行实证检验。

4.2 基于引力模型的区位风险因素分析

4.2.1 引力模型理论

丁伯根 Tinbergen（1962）将万有引力定律引入国际贸易研究，并基于此提出经典的引力模型，分析两国间双边贸易问题。万有引力定律指的是世界中的所有两个物体均处于彼此吸引的状态中，且物体质量乘积和两个物体引力呈现正比的关系，引力和物体的距离的平方呈现反比的关系。丁伯根将万有引力定律进行拓展应用，分别以两国的经济总量和地理距离作为两个物体质量和距离的替代变量，并对两国双边贸易之间的流量进行分析。丁伯根在构建引力模型之后并通过实证分析后表明：国与国双边交易流量极易受到国家经济规模与地理距离的影响。

随后安德森 Anderson（1979）把贸易引力模型运用至全球直接投资研究中，其指出交易和投资具有明显的互补关系，伴随国与国距离的增长，对外直接投资投入的成本会越来越高，并且会对企业决策形成直接影响。他所构建的对外直接投资引力模型具体如下所示。

$$Q_{ij}=\beta_0\,(Y_i)^{\beta_1}\,(Y_j)^{\beta_2}\,(N_i)^{\beta_3}\,(N_j)^{\beta_4}\,(R_{ij})^{\beta_5}\,(A_{ij})^{\beta_6}\varepsilon_{ij} \qquad (4-1)$$

在此之中，Q_{ij} 代表着两个国家投资规模变动，Y_i 、Y_j 代表着国家和国

家的收入水平，N_i、N_j 代表着国和国人口总量，R_{ij} 代表着两个国家阻力要素，A_{ij} 代表着两个国家推力要素，ε_{ij} 代表着随机误差项。

这一模型指出，母国和东道国企业所开展的直接投资活动和两个国家国内生产总值以及人口总量表现出正相关联系，和两个国家地理距离表现出明显的负相关联系。另外，上述模型里，阻力与推力要素是不确定的，可以根据研究目的和研究需求的不同，分析其他变量对国际直接投资活动的影响。基于此，本书引入了安德森 Anderson（1979）所建立的国际直接投资引力模型，而且把政治与制度风险要素纳入该模型中，用以分析中国民营企业对外直接投资的宏观风险问题。

4.2.2 引入宏观风险要素的引力模型

（1）变量选择

本书选择了国内企业对东道国每年进行的直接投资流量数据，将其认定成被解释变量。与对外直接投资存量相比，对外直接投资流量可以如实地反映国内企业对外直接投资变动走势。

本书选取的解释变量有东道国 GDP、双边贸易总额、东道国制度风险、政治风险与经济类别、和东道国之间的地理距离、和东道国的区域合作关系等，下面分别对各解释变量的选择依据、测算标准进行说明。

解释变量 1：东道国 GDP（*PGDP*）

对外直接投资引力模型中的核心思想认为两国经济总量是影响对外直接投资的最为重要的因素。Dunning（1980）、Frey（1985）等通过研究指出，企业开展对外直接投资活动旨在在东道国营销商品，所以一些市场规模非常庞大的东道国对境外企业吸引力要大得多，因此本书选择了东道国国内生产总值代替市场规模。

解释变量 2：中国与东道国的双边贸易总额（*TRADE*）

穆里尔 Mundell（1957）最早开始关注贸易与投资之间的关系，并通过构建两国两产品模型，假设两个国家生产函数一致的情形之下，得出研究结果：交易和投资具备明显的替代性，也就是说，交易阻力会形成资本流通，资本流通阻碍会形成交易，二者表现出明显的负相关关系。小岛清 Kojima（1976）进一步对贸易与投资之间的关系进行研究后指出：两国之间的间接投资和直接交易属于彼此替代关系，两个国家直接投资和间接交易之间是互补关系。而马库森 Markuson 和斯文森 Svensson（1984）的研究则认为：两国之间的贸易和投资既存在替代关系，同时也存在互补关系。由此可见，贸易与投资之间存在重要的联系，故本书选择中国与东道国之间的贸易总额作为影响中国对外直接投资的解释变量之一。

解释变量 3：东道国的政治风险要素（*ZZ*）

大量实践结果显示，东道国政治是否平稳关乎到企业对外直接投资获得的成效。这里所指的政治稳定性主要包括两个方面：一是东道国的政治体制是否稳定，即是否有战争、动乱、内战、罢工等不安定因素；二是东道国的法律制度、市场规则是否具有稳定性和可持续性。按照学术界的一般惯例，通常会采用《全球投资环境风险评估报告》（由美国商业环境风险评估公司发布，BERI）中的政治风险要素，将其当成东道国政治平稳程度的代替变量。

解释变量 4：东道国的制度风险要素（*ZD*）

现有文献的研究结果表明：全国民营企业对外直接投资会受到东道国市场发展水平所形成的影响，所以国内民营企业决定对外直接投资时，通常会选取和中国市场经济发展水平类似或接近的国家或地区，有利于其更快地进入当地市场，随着海外生产经验的不断积累和丰富，才会进一步选择其他国家或地区开拓海外市场。实践证明，一国市场经济发展程度越高，政府对市场的直接干预就越少，更利于实现社会公平与正义，营造有序的市场投资环境，进而降低实施对外直接投资企业投入的成本，消除或化解竞争压力。由于一国市场经济发展程度并没有现成的指标，需要其他的指标变量替代。通常来说，一国中央政府财政收入/支出越高，则对市场的干预程度就越强。因此，本书采用一国中央政府财政收

入/支出与一国的 GDP 之比，作为间接反映一国市场经济发展程度的替代指标进行实证研究。

解释变量 5：与东道国的地理距离（*DD*）

与东道国地理距离会从两个方面对中国企业进行对外直接投资产生影响：一是地理距离直接会影响到运输成本，这是显而易见的，与东道国的地理距离越远，所需要付出的运输成本就越高，从而导致产品总体成本的上升，市场竞争力下降，这必然会导致企业对外直接投资利润的降低；二是与东道国的地理距离越远，则两国之间在社会文化、宗教信仰、语言文字、消费习惯等方面的差异就越大，所面临的市场环境差异就越大，企业进行对外直接投资就需要付出更多的成本，面临的风险也就越大。因此，本书采用国与国的海运距离来代替地理距离。

解释变量 6：东道国的经济类别（*CT*）

本书在上一章对投资动机进行风险因素分析时明确表示，发达国家与经济欠发达国家开展对外直接投资活动意图是有所差别的。对经济欠发达东道国来说，开展对外直接投资意图在于得到充足的自然资源，扩大境外市场，提升企业的收益，但对于西方发达国家东道国来说，因为中国企业不具备任何对比优势，进行对外直接投资的主要目的更多的是获取发达国家先进的技术和管理等战略资源。所以本书引入虚拟变量表示东道国的经济类型：1 代表发达国家，0 表示发展中国家。

解释变量 7：和东道国是否参与同各地区经济组织（*RAC*）

当与东道国加入同一区域经济合作组织时，更有利于中国企业进行对外直接投资活动，因此，将中国与东道国是否加入同一区域经济合作组织这一虚拟变量引入实证分析中，分别使用 0 和 1 表示（0 代表中国与东道国并未加入同一区域经济合作组织；1 代表中国与东道国已加入同一区域经济合作组织）。

（2）模型建立

本书基于安德森 Anderson（1979）建立的对外直接投资模型，加入了政治风险要素、制度风险要素与国家经济类型等控制变量，将其进行拓展，用以实证分析中国的对外直接投资。在数据处理上，为保证数据的平稳性、异差性，同时为揭示两者之间的非线性关系，本书对原始数据进行对数化处理，构建的修正后的引力模型如下所示：

$$\ln(FDI_{ij}) = C_0 + C_1\ln(PGDP_j) + C_2\ln(TRADE_{ij}) + C_3\ln(ZZ_{ij}) + C_4\ln(ZD_j) + C_5\ln(DD_{ij}) + C_6CT + C_7RAC + \mu_{ij} \quad (4-2)$$

（3）数据获取途径

本书运用的诸多对外直接投资数据来源于历年统计年鉴及商务部公布的历年中国对外直接投资统计公报；各国 GDP 数据来自世界银行网站；国家间地理距离根据 COORD 坐标转换器测算；国别类型采取国际经贸组织（WTO）的区分结果整合。针对国内民营企业对外直接投资流量，因为相关数据获取难度较大，故以中国企业对外直接投资流量进行替代，数据来源于历年统计年鉴。数据期间为 2008—2016 年年度数据，并对各数据类变量进行价格指数平减。由于本书所采用的数据结构为面板数据，规避了时间跨度较小所引发的不足，保证了研究结果的精准性与时效性。本书选择了国外其他国家和中国投资规模较大的 20 个国家，去除了中国香港地区、开曼群岛等诸多逃避税务地区的相关数据，这是由于国内企业对上述地区的投资更多的是借壳和避税，很少在本地开展生产经营活动。

（4）实证研究

本书对引入风险要素的贸易引力模型，运用了最小二乘法做了多元线性回归剖析，具体实证结果如表 4-8 所示。

表 4-8　加入风险因素的贸易引力模型实证结果

变量	系数	标准误差	t 值	P 值
常数项	7.62	0.37	16.80	0.00
lnGDP	0.14	0.04	3.47	0.01
lnTRADE	0.23	0.06	4.30	0.00
ZZ	−0.07	0.05	−3.25	0.00

续表

变量	系数	标准误差	t 值	P 值
ZD	-0.10	0.02	-4.12	0.00
lnDD	-0.51	0.09	-7.21	0.00
CT	1.06	0.08	12.55	0.00
RAC	0.84	0.09	13.22	0.00
R^2	0.68		F 值	43.56
调整后 R^2	0.65		DW	3.10

由表 4-8 的实证分析结果可以看出，各变量的 P 值均小于 5%，即各个变量在 95%的置信水平上表现得非常明显，调节之后的 R^2 是 0.65，这意味着该模型拟合效应良好，实证研究获得的结果精准可靠，可信度非常高。

（5）实证研究结论剖析

从表 4-8 实证结果的总体情况来看，中国企业对外直接投资流量与东道国的经济总量和两国之间的贸易总额呈现正相关关系；与东道国的政治风险、制度风险以及两国之间的地理距离呈现负相关关系；就东道国的经济类型而言，中国企业更倾向投资于发达国家和地区；就区域经济组织而言，中国企业倾向投资于与中国参与相同的地区经济合作组织的国家。

第一，国内企业对外直接投资与东道国的经济总量，即 GDP 呈正相关关系，这表明东道国经济总量越大，越能吸引中国的对外直接投资。通常来说，一国经济总量越大，市场规模就越大，所蕴含的市场潜力也就越大，就越有利于中国企业在当地进行对外直接投资，拓展海外市场。

第二，中国企业对外直接投资与两国之间的贸易总额呈正相关关系，即两国之间的国际贸易有利于中国在东道国开展对外直接投资。从两者的影响系数来说，中国和东道国交易总额每增长 1%，中国对东道国的直接投资便增加 0.23%。这与本节中的理论分析结论是相一致的，即由于中国与东道国之间的贸易总额越大，就表明两国之间的贸易交往越频繁、越密切，中国与东道国之间的贸易合作伙伴关系较好，在东道国进行对外直接投资所面临的风险也就较低。同时，得益于贸易与对外直接投资存在的互补关系，对交易往来频繁的东道国开展对外直接投资活动，可以通过产业的纵向扩张抢占更多的市场份额。由此可见，两国之间的贸易往来能够促进对外直接投资的发展。

第三，东道国存在的政治和制度风险均和中国对外直接投资流量具备明显的负相关关系，这和本章获得的理论分析结果是统一的，然而就回归系数来说，制度风险具有的影响和政治风险对比明显大得多。这是由于国内民营企业与生俱来便具备风险喜好性，大多数民营企业是基于国有经济制度下所形成与发展的，如此一来，使得很多企业家敢于和风险搏斗，能够正确地应对境外直接投资过程中面临的风险问题。市场化程度对国内民营企业境外直接投资具有的影响非常明显，这是由于市场经济制度为民营企业发展提供了滋生的土壤，在市场化程度较高的条件下，民营企业可以增强其核心竞争实力，发挥出对国民经济发展所具有的积极效应。对此可由国内民营企业生存与发展历程得到验证，中国沿海区域经济发展水平较高，民营企业发展速度较快，因此市场经济制度非常成熟，企业运作体制也非常健全，民营企业可以得到最佳的经济收益与运营效率。据此可知，市场化发展水平对民营企业具有的影响非常显著。

第四，由国家经济类别对国内企业对外直接投资具有的影响系数可知，国内大多数公司热衷于对经济发达的国家进行直接投资。这主要是由于国家宏观因素和企业自身发展状况所导致的。从国家宏观因素来讲，近年来，中国经济保持高速增长，综合国力不断攀升，国际贸易和对外直接投资总额迅猛增长，一跃成为仅次于美国的全球第二大对外直接投资国，且对欧美等发达国家的投资增速明显高于发展中国家；从企业自身发展状况的角度讲，经过几十年的发展，中国企业的资本实力、拥有的生产技术水平和管理水平、对市场经济规则的知悉、对外直接投资经

验的积累等方面已经有了长足的发展，使得其在国际市场中的核心竞争力不断提升。这就使得中国企业开始转变最初为获取自然资源和海外市场为目的的对外直接投资活动，而更多是投资于发达国家以获取先进技术和管理经验等战略资源，从而进一步提升其核心竞争力，为实现其全球化生产经营奠定基础。

第五，从是否加入同一区域经济合作组织对中国对外直接投资的影响系数来看，中国企业更倾向投资于处于同一区域经济合作组织内的国家和地区。这是由于区域经济合作组织是为促进各成员国间的经济合作和交流而成立的，各成员国之间在贸易、投资等领域的贸易壁垒、关税限制、资本自由流动限制较少，促进了各成员国间的贸易自由化和资本自由化，加深了各成员国间的经济合作，使得各成员国间的经济关系相对稳定，促使各成员国借助贸易与资本的优惠条件，实施对外直接投资。因此，中国企业对处于同一区域经济合作组织内的国家进行的对外直接投资会更多。

由此可见，民营企业作为中国企业的一部分，其实施对外直接投资时的区位选择受到多种风险因素的影响，如东道国经济总量、与东道国的贸易总额、东道国的经济类型等。根据实证研究获得的结论，本书针对国内民营企业对外直接投资区位选择、风险的评估和规避有针对性地提出相关的政策，以期进一步提升中国民营企业对外直接投资的风险评估和规避能力。

4.3 民营企业对外直接投资区位风险的评估与规避

4.3.1 区位风险的评估

通过4.2的实证分析可以看出，东道国政治机制、经济类别、经济规模等均会对国内企业对外直接投资的区位风险产生影响。因此，为规避对外直接投资的区位风险，企业在制定投资决策前，需要对其所面临的区位风险进行评估和预判，通过比较收益和风险，决定是否在某一东道国进行对外直接投资。

第一，企业要对东道国的宏观政治风险进行评估，主要包括东道国法律机制持续性、政治局势平稳性、国家对市场干涉程度、民族冲突等。由于东道国的政治风险受到多种因素的共同作用和影响，因此，企业在评估对外直接投资区位风险时，需要借助更为专业的研究成果或专业机构的测算结果。目前用于分析一国政治风险的专业研究成果主要有国家实力与失衡发展模型、征税倾向模型和政治风险评估系统模型；专业机构对政治风险的研究更多以指数的形式呈现，可以直接加以运用和分析，如美国商业环境风险评估公司发布的政治风险指数、英国商业环境风险情报所公布的富兰德指数、美国国际报告集团公布的国家风险国际指南综合指数、政治稳定性指数等。企业在评估对外直接投资区位风险时，可以借助现有的理论研究成果和政治风险指数类指标进行评估和判断。东道国宏观政治风险会导致外国企业或投资者失去财产的所有权或控制权。例如，苏丹是中国最大的国外石油投资东道国，中石油一直不敢过多增加投资的主要原因就是苏丹常年的内战所导致的政局动荡。

第二，企业要对东道国的微观政治风险进行评估，主要包括东道国的监管体系、税收政策、出口政策的变化等，在对东道国微观层面政治风险进行评价时，企业不但可利用丁氏渐进需求模型来加以判别，也可运用第三方专业单位出具的评价报告进行判断。东道国微观政治风险会导致企业对外直接投资经营收入或投资回报的减少。例如，2005 年中海油收购美国伏尼科公司时，本属于一次正常的企业并购商业活动，而美国政客和媒体将其炒作成威胁美国国家安全的政治行为，导致中海油最终放弃收购计划。

第三，企业要对东道国的政治风险持续关注和评估。由于东道国的政局、政策、监管体制、税收、贸易等制度是一个持续动态调整的过程，

因此，作为实施对外直接投资的企业也必须持续关注东道国的政治风险，并对评估结果进行动态调整，从而更好地规避东道国的政治风险。例如，2015 年吉利企业规划在马来西亚生产制造营销吉利牌汽车，在准备工作完成之后等候投入生产和运营时，该国政府为了保障国家的汽车行业平稳发展，对外公布新参与市场的汽车品牌可以在本国生产，但不可在国内营销，所有产品需要对外出口，在国家政策的变化之下，导致吉利企业面临很大的经济亏损。

4.3.2　区位风险的规避措施

正如第一章中关于对外直接投资风险内涵的界定，尽管东道国的区位风险不一定会给企业带来损失，但它是一种导致潜在损失的可能性并且客观存在。因此，中国民营企业在评估对外直接投资区位风险后，应积极采取措施控制和防范东道国区位风险对其对外直接投资产生的不利影响。

（1）借助投保转嫁区位风险

由于中国民营企业进行海外投资的时间尚短，在评估和预判对外直接投资区位风险时经验不足，需要付出的信息成本较多，会增加其面临区位风险亏损的可能性，使得投资成本不断上涨，所以国内民营企业在开展对外直接投资活动时，可以通过中国出口信用保险公司、中国进出口银行等专业机构进行投保，以较小的成本转嫁区位风险会引发的亏损，进而实现管控和制约区位风险的目标。例如，北京国合建设集团在对利比亚进行项目工程投资时，通过事先购买中国出口信用保险公司的海外投资保险，后因战争使得其承包项目遭受巨大损失，从而获得中国出口信用保险公司的大额保险金赔偿，足以抵消其遭受的损失，从而有效地规避了对外直接投资的区位风险。

（2）实施相对多元化、本土化经营战略规避区位风险

从管理学的角度讲，企业实施多元化战略的目的是规避单一投资主

体所面临的单一市场的巨大风险。因此，中国民营企业在实施对外直接投资战略时，应积极推进相对多元化的经营战略以有效规避区位风险。多元化经营主要包括投资主体多元化、融资渠道多元化、投资领域多元化等三个方面。投资主体和融资渠道多元化是中国民营企业发展的内部需求，虽然国内民营企业通过几十余载发展，获得了明显的成果，但在国际市场中的资本优势、技术优势、人才优势仍然很小，产品的国际市场竞争力仍然较低。因此，中国民营企业在实施对外直接投资战略时，可以通过合资建厂、获取东道国企业特许经营权等方式，将东道国公司利益和中国企业利益密切融合在一起，为东道国分担面临的政治风险，实现风险共担、利益共享。对于融资渠道多元化而言，中国民营企业在进行对外直接投资时，可以借助东道国的间接融资市场和直接融资市场，在当地获得对外直接投资所需资金，减少自身的资金投入，从而将东道国的政治风险转嫁给本国的金融机构。即使东道国发生战乱、国有化等区位风险时，也会减少中国民营企业的对外直接投资损失。同时，由于融资渠道的本地化，中国民营企业在东道国进行投资并购时所面临的政治风险也会降低。对于投资领域多元化而言，中国民营企业实施对外直接投资战略时应进行分散投资，既包括东道国的多元化，也包括投资行业的多元化，而不能过度集中在某一东道国或某一行业领域。例如，中东、北非等国家和地区的政局动荡，存在的区位风险较高，但由于这些国家和地区对石油、天然气等能源依赖程度非常高，需要在这些领域吸引投资获得收益，进而在一定程度上减少了潜在的区位风险的发生。

本土化经营战略是企业在东道国进行生产经营活动时，为迅速地适应东道国的政治环境、社会文化、风俗习惯，淡化企业的母国色彩，在资金、人员、技术开发等方面实施当地化，主动承担东道国公民的义务和责任的经营策略。由此可见，中国民营企业在实施对外直接投资战略时，可以通过本土化经营有效规避东道国区位风险。一方面，中国民营企业在实施对外直接投资本土化经营时，可以通过与东道国政府、企业加强交流和合作，实现互惠互利；另一方面，中国民营企业通过员工雇

佣本地化，能够迅速地了解东道国的社会文化、风俗习惯，更快地提高产品的接受度，融入东道国市场。

（3）加强外部沟通，提高自我保护能力

正如前文所述，对外直接投资的区位风险是客观存在的，无法消除，只能减少其带来的损失。因此，当中国民营企业实施对外直接投资遇到东道国政治、制度、文化等区位风险时，应当适时采取措施，提高自我保护的能力。第一，企业采取协商、让步的策略。当东道国为保护本国企业而采取税后、销售等限制性措施时，在当地实施对外直接投资的民营企业可以借助中国在东道国的政府机构、商会组织等，积极与东道国政府沟通、协商，利用促进当地就业、增加当地税收等有利条件，与东道国讨价还价，实现双方共赢。第二，企业充分利用法律途径索取赔偿。当对外直接投资遭受政治、法律、文化等因素引起的区位风险时，中国民营企业可以在协商失败后借助法律手段维护自身的权益。尽管东道国的法律体系不利于维护中国民营企业的权益，但借助东道国法律不易引发民族主义情绪和冲突。当东道国的法律无法实现索赔时，中国民营企业可以借助国际仲裁机构寻求帮助。

4.4 本章小结

本章首先对中国民营企业对外直接投资的现状、区域分布特征、对外直接投资动机进行分析；其次将东道国政治风险、经济类型、是否加入同一区域经济合作组织等因素纳入经典引力模型中，并进行实证研究，归纳了对国内民营企业对外直接投资具有影响的区位风险要素，接着依据实证研究获得的结论，提出国内民营企业评价、规避对外直接投资区位风险的举措。

第五章　民营企业对外直接投资的行业风险

5.1　民营企业对外直接投资的行业分布

近几年，中国民营企业对外直接投资规模越来越大，覆盖的产业与范畴明显扩展，由农业、林业、牧业、渔业等传统行业发展至工业。现如今，投资范畴伴随产业规模的增长逐渐对外延展。国内企业对外投资之初，投资范畴覆盖至资源开发、保险行业、服务行业、咨询行业、批发零售行业等，伴随国家经济的繁荣与改革开放步伐的加快，如今中国企业对外直接投资的产业类型已覆盖至科研行业、交通行业、房地产行业、加工制造业、旅游行业等。根据2003—2016年国家统计局公布的对外直接投资数据来看，中国企业对外直接投资共涉及19个主要行业，其中：对外直接投资净额排前五位的行业依次是租赁行业与商务服务业、采矿行业、批发与零售行业、金融服务业与其他服务业。中国企业对外直接投资规模排名前五的行业依次是居民服务与其他服务业、房地产行业、交通行业、仓储与邮政行业、科研行业与技术服务业、建筑行业。由此可见，经过多年的发展，中国民营企业根据国际经济发展的趋势以及自身经营管理能力的提升，适时调整国际化竞争的行业结构。尽管中国对外直接投资在传统零售业、商业服务业等行业数额非常大，然而资

金与技术密集型行业的发展速度早已超越了传统行业，这意味着国内企业在参与国际市场竞争时，地位也有了明显的提升。

随着国内企业对外直接投资行业结构的不断调整和改善，民营企业对外直接投资也获得了平稳持续发展。商务部对外发表的《2016年度中国对外直接投资统计公报》数据显示，截至2016年底，中国国有企业在非金融类对外直接投资存量额的占比降至53.7%，而非国有企业的占比46.3%，较2015年提升3个百分点；国有企业在非金融类对外直接投资流量额的占比降至39.7%，而非国有企业的占比达到60.3%，较2015年提升4.1个百分点。由此可以看出，中国民营企业已成为对外直接投资的重要力量。

从行业分布来看，中国民营企业的对外直接投资表现出两个特征：其一，民营企业逐渐呈现明显的效率优势，比方说2016年中国对外直接投资的一百强企业中，民营企业占据比重高达32%，同比增长3.36%；其二，民营企业对汽车行业、家电行业、信息服务业等诸多技术与资金密集型行业关注度越来越高，直接投资力度明显加强。2016年中国对外直接投资的一百强企业中，投资于家电、汽车等行业的企业数量26家，占比达53%（如表5-1所示）。这一趋势也明确了中国对外直接投资的行业趋势，即逐步由传统的批发零售、商务服务业向经济附加值高的制造业的转变，符合中国产业结构调整和升级的国家战略。

表5-1　2016年中国对外直接投资一百强民营企业名单

排名	公司名称	所处行业	海外资产（万元）
10	浙江吉利控股集团有限公司	汽车	8239571
26	中兴通讯股份有限公司	通信	3904681
30	大连万达集团股份有限公司	地产	3498153
31	TCL集团股份有限公司	家电	3343630
35	金川集团股份有限公司	矿产	2781093
41	紫金矿业集团股份有限公司	矿产	2235237

续表

排名	公司名称	所处行业	海外资产（万元）
42	光明食品（集团）有限公司	食品	2182147
49	海信集团有限公司	家电	1279368
50	青建集团股份有限公司	建筑	1270388
53	潍柴动力股份有限公司	机械	1167878
55	江苏沙钢集团有限公司	钢铁	1153658
58	万向集团公司	机械	1090319
62	山东如意科技集团有限公司	纺织	915490
64	美的集团股份有限公司	家电	808488
68	白银有色集团股份有限公司	矿产	738232
71	四川长虹电子集团有限公司	家电	616077
74	卧龙控股集团有限公司	机械	579563
76	徐州工程机械集团有限公司	机械	556151
78	金龙精密铜管集团股份有限公司	精密铜管	529770
80	北大方正集团有限公司	电子	522746
84	浙江龙盛控股有限公司	印染	394485
87	沈阳远大企业集团	建筑	330143
88	天津聚龙嘉华投资集团有限公司	食品	328992
90	雅戈尔集团股份有限公司	服装	307053
91	宁波均胜投资集团有限公司	汽车电子	302297
99	宁波申洲针织有限公司	纺织	215215

注：数据来源于《2016 年度中国对外直接投资统计公报》。

5.2 民营企业对外直接投资的行业选择

本节将采用新新贸易理论中的企业内生边界理论对中国民营企业对外直接投资的行业选择问题进行分析。安特拉斯（2003）把企业内生边界契约理论和新兴国际贸易理论密切融合在一起，分析异质性资本和技术对企业实施全球化生产模式的影响，并从内生边界理论角度对企业对外直接投资的行业选择问题进行解释。

5.2.1 企业内生边界模型

安特拉斯（2003）通过构建简化的局部均衡模型，并通过对最终产品的生产安排分析，进而解释企业的生产模式的选择问题，即对外直接投资模式或外包合作模式。

假定企业某一最终商品 y 的需求偏好是：

$$y = Ap^{-1/(1-\alpha)} \qquad 0 < \alpha < 1 \tag{5-1}$$

在此之中，$A > 0$ 代表了最终商品的市场规模，p 代表了商品的售价。

假设企业生产商品 y，必须具有两项可以完全自由流动的生产要素，即劳动（l）和资本（k），其他要素投入均无效，且相对于劳动而言，企业对资本的分配更容易。根据 Cobb-Douglas 可将最终产品 y 的生产函数表示为：

$$y = \left(\frac{k}{\lambda}\right)^{\lambda}\left(\frac{l}{1-\lambda}\right)^{1-\lambda} \qquad 0 < \lambda < 1 \tag{5-2}$$

其中：λ 表示两种生产要素的投入比例，λ 越大，则在生产最终产品 y 时投入的资本就越多，资本密集程度就越高。

假定市场中仅存在生产中间产品和最终产品的两类企业，并且中间商品生产企业是最终商品生产企业的供货方，最终商品生产企业在进入市场前，需要决定其生产过程中所必需的中间产品的获取方式，即一体化（I）或外包（O）。采取一体化经营的组织形式生产最终产品的企业需要通过垂直的上游企业获得其生产所必需的中间产品；而采取外包的组织形式生产最终产品的企业则需要通过独立的供应商获取中间产品。由于假定市场中仅存在中间产品和最终产品这两类生产企业，无论最终产品生产商采取一体化还是外包形式获取中间产品，这两类企业都因处于同一利益链条中而紧密相连。显而易见，以外包形式提供中间产品的生产企业在生产的投入和价格控制上具有更大的自由权。

假定：中间产品生产企业需投入必要的劳动，而对于资本的投入可选取和最终商品生产企业共担或由商品生产企业单独负担，基于此，企业必须投入的生产固定成本可表示为：$f \times g(c_k, c_l)$，其中，c_k、c_l 分别表示资本和劳动投入的边际成本。同时假定存在市场准入门槛，中间商品生产企业需要为最终商品生产企业提供和事前收益等同的一次性转让费。

假定市场存在信息不对称，即中间产品的质量只有其自身能够知晓，这就会导致最终产品生产企业和中间产品生产企业之间形成纳什议价博弈过程。当两者在中间产品购买合同中已经明确价格时，中间产品生产企业出于获取更多利润的动机，就会通过降低中间产品质量的方式减少成本的投入，进而获得剩余利润分配；当两者在中间产品购买合同并未明确价格时，一旦中间产品生产企业进行投资和生产时，由于中间产品的特定属性，就会导致事后议价的优势权转向最终产品生产企业。因此，中间产品生产企业在进行生产时就不会以高额的成本生产高质量的中间产品。通过两者之间的纳什议价博弈，最终会形成均衡，即无论事先签订的契约是否明确中间产品的价格，中间产品生产企业都不会给最终产品生产企业提供高质量的中间产品，并且以此获得剩余利润的分配权。因此，经过两类产品生产企业的纳什议价博弈后，可以将最终产品生产企业的事后贸易收益份额表示为：$\beta \in (0, 1)$。

根据公式（5-1）、（5-2）可以推导出最终产品生产企业在一体化经营和议价成功时销售最终产品 y 所获得的收入，即：

$$R(k,\ l) = A^{1-\alpha}\left(\frac{k}{\lambda}\right)^{\alpha\lambda}\left(\frac{l}{1-\lambda}\right)^{\alpha(1-\lambda)} \tag{5-3}$$

产权理论指出，企业无论采取一体化经营还是外包经营获得中间产品的组织形式，均存在事后议价的现象。结合纳什议价博弈分析，假定最终产品生产企业以外包形式获得中间产品的事后销售收入份额占比为：β_O，则最终产品生产企业就会对中间产品的事前资本投入进行调整，以使其外包收益 $\beta_O R - c_k k_O$ 最大化；而中间产品生产企业则会对其事前劳动投入进行调整，以使其收益 $(1-\beta_O)R - c_l l_O$ 最大化。基于此，可把最终商品生产企业通过外包方式获得中间商品参与市场的事前利润表示为：

$$\pi_O = (1-\alpha(1-\lambda)+\alpha\beta_O(1-2\lambda))Ap_O^{-\alpha/(1-\alpha)} - fc_k^{\lambda}c_l^{1-\lambda} \tag{5-4}$$

其中：$p_O = c_k^{\lambda}c_l^{1-\lambda}/\alpha\beta_O^{\lambda}(1-2\beta_O)^{1-\lambda}$。

采取同样的推导过程和假设条件，以一体化经营获得中间产品而进入市场的最终产品生产企业所获得事后销售收入份额表示为：$\beta_I = \delta^{\alpha} + \beta(1-\delta^{\alpha}) > \beta_O$，则最终产品生产企业就会对中间产品的事前资本投入进行调整，以使其一体化收益 $\beta_I R - c_k k_I$ 最大化；而中间产品生产企业则会对其事前劳动投入进行调整，以使其收益 $(1-\beta_I)R - c_l l_I$ 最大化。基于此，可把最终商品生产企业通过一体化的方式获得中间商品参与市场的事前利润表示为：

$$\pi_I = (1-\alpha(1-\lambda)+\alpha\beta_I(1-2\lambda))Ap_I^{-\alpha/(1-\alpha)} - fc_k^{\lambda}c_l^{1-\lambda} \tag{5-5}$$

其中：$p_I = c_k^{\lambda}c_l^{1-\lambda}/\alpha\beta_I^{\lambda}(1-2\beta_I)^{1-\lambda}$。

结合公式（5-4）、（5-5）可以对采取一体化和外包两种形式进入市场的最终产品生产企业所获得的事前利润进行比较，即：

$$\Phi(\lambda) = \frac{\pi_I(\lambda) + fc_k^{\lambda}c_l^{1-\lambda}}{\pi_O(\lambda) + fc_k^{\lambda}c_l^{1-\lambda}} \tag{5-6}$$

分别将（5-4）、（5-5）代入（5-6）可得 $\Phi'(\lambda) > 0$，$\Phi'(\lambda)$ 越

大，则表示资本密集程度越高；反之，则表示资本密集程度越低。

由此可见，$\Phi'(\lambda)$ 就是最终产品生产企业选择一体化或外包形式进入市场从事生产经营的临界值。当 $\Phi'(\lambda) > 1$ 时，即资本密集程度大于某一临界值时，表示生产最终产品的企业采取一体化经营形式所获得的事前收益高于采用外包方式获取的事前收益，如此一来，企业必然会选取对外直接投资的形式进行垂直一体化经营；当 $\Phi'(\lambda) < 1$ 时，即资本密集程度小于某一临界值时，表示生产最终产品的企业采取外包经营形式所获得的事前利润大于采取一体化经营形式所获得的事前利润，此时企业就会选择外包的组织形式进行生产经营。由此可以推断出，中国企业进行对外直接投资是由于所获得的事前利润较高，而这与其资本密集程度有关。换句话说，中国企业在选择某一行业进行对外直接投资时，与行业的资本密集程度相关，行业资本密集程度对中国企业是否实施对外直接投资战略起到决定性的作用。

5.2.2 对外直接投资行业选择的实证研究——基于企业内生边界模型视角

由于资本密集程度在企业进行对外直接投资决策时的重要作用，需要对国内各个行业资金密集程度做出核算，从而深入分析国内企业对外直接投资的行业选择问题及面临的行业风险。目前，中国仅统计分行业的整体数据，无法按照企业性质的不同进行分类统计，因此，本书沿用安特拉斯（2003）的方法对行业资本密集度进行测算，即行业资本密集度等于行业总产值与行业从业人员之比，数据来自《中国工业统计年鉴2016》，具体核算结果见表 5-2。

按照学术界对行业资本密集度的一般划分原则，即行业资本密集度临界值为 200 和 80，将全部行业划分为高、中、低三个层次。根据表 5-2 的测算结果显示，中国 39 个行业中，共有石油加工冶炼、其他采矿业、废弃资源和旧材料加工业、烟草制造业、有色金属冶炼等 12 个行业资本

密集度高于200，属于高资本密集行业，根据公式（5-4）—（5-6）的推导结果可知，这类高资本密集度行业适合企业通过一体化的组织形式参与国际市场竞争，并且随着中国经济结构转型的推进，促使这些行业发展成为中国企业对外直接投资的主导行业；共有化学纤维制造业、通用设备制造业、有色金属矿采选业、造纸及纸制品业等21个行业资本密集度介于80~200之间，属于中度行业资本密集度，随着中国企业生产技术的不断提升，这类行业的资本密集度也会逐步提高，必然会促使其生产组织方式由外包形式向一体化形式，即以对外直接投资的形式转变；共有家具制造业、煤炭开采和洗选业、纺织服装制造业等6个行业资本密集度低于80，属于低行业资本密集度，这类行业更多属于劳动密集型产业，资本密集度较低，对资本、技术等生产要素要求较低，更适合企业以外包组织的形式实施全球化经营。

表5-2　中国39个行业资本密集度测算结果（单位：亿元、万人）

行业	工业总产值	全部从业人数平均人数	行业资本密集度	排名
煤炭开采和洗选业	28919.81	453.96	63.71	35
石油和天然气开采业	12888.76	108.98	118.27	27
黑色金属矿采选业	7904.30	35.88	220.30	11
有色金属矿采选业	5034.68	31.76	158.52	15
非金属矿采选业	3847.66	26.62	144.54	19
其他采矿业	16.74	0.04	418.50	2
农副食品加工业	44126.10	185.65	237.68	7
食品制造业	14046.96	112.97	124.34	23
饮料制造业	11834.84	93.91	126.02	22
烟草制品业	6805.68	18.65	364.92	4
纺织业	32652.99	370.77	88.07	32
纺织服装、鞋、帽制造业	13538.12	257.90	52.49	36

续表

行业	工业总产值	全部从业人数平均人数	行业资本密集度	排名
皮革、毛皮、羽毛及其制品业	8927.54	201.49	44.31	38
木材加工及制品业	9002.30	43.03	209.21	12
家具制造业	5089.84	64.81	78.53	34
造纸及纸制品业	12079.53	77.51	155.84	16
印刷业和记录媒介的复制	3860.99	34.41	112.21	29
文教体育用品制造业	3212.38	80.81	39.75	39
石油加工、炼焦及核燃料加工业	36889.17	82.65	446.33	1
化学原料及化学制品制造业	60825.06	262.29	231.90	8
医药制造业	14941.99	122.28	122.19	26
化学纤维制造业	6673.67	33.54	198.98	13
橡胶制品业	7330.66	62.99	116.38	28
塑料制品业	15579.54	125.59	124.05	24
非金属矿物制品业	40180.26	266.93	150.53	17
黑色金属冶炼及压延加工业	64066.98	279.03	229.61	9
有色金属冶炼及压延加工业	35906.82	136.30	263.44	5
金属制品业	23350.81	155.85	149.83	18
通用设备制造业	40992.55	254.12	161.31	14
专用设备制造业	26149.13	192.51	135.83	21
交通运输设备制造业	63251.30	441.39	143.30	20
电气机械及器材制造业	51426.42	415.57	123.75	25
通信设备、计算机及其他电子设备制造业	63795.65	722.89	88.25	31
仪器仪表及文化、办公用机械制造业	7633.01	88.31	86.43	33
工艺品及其他制造业	7189.51	78.17	91.97	30

续表

行业	工业总产值	全部从业人数平均人数	行业资本密集度	排名
废弃资源和废旧材料回收加工业	2624.21	6.88	381.43	3
电力、热力的生产和供应业	47352.67	212.26	223.09	10
燃气生产和供应业	3142.03	13.13	239.30	6
水的生产和供应业	1178.11	25.94	45.42	37

注：数据来源于《中国工业统计年鉴 2016》。

依据（5-4）—（5-6）这三个公式对应的企业内生边界理论模型推导结果可以得出：当企业从事资本密集高的行业时，通过产业链垂直化经营，即对外直接投资的经营方式所获得的利润更大。因此，按照资源最优配置和利润最大化的原则，行业资本密集度越高的企业，以对外直接投资的形式从事生产经营所获得的利润越大，也就是说，行业资本密集度较高的企业应该成为对外直接投资的主导力量。根据表 5-2 的测算结果，进一步将中国不同行业的对外直接投资方式进行细分，结果如表 5-3 所示。从表 5-3 的细分结果可以看出：处于资本密集度较高的行业大多集中在石油加工、有色金属冶炼、燃气生产和供应、采矿业等与资源密切相关的行业领域，根据式（5-6）可以推出：中国对外直接投资的主力应该是资源类行业，但资源类行业的领军企业大多是大型国有企业，而民营企业占比极少。根据 2016 年商务部的公布数据，中国对外直接投资的百强企业中，中石油、中石化、五矿等大型资源类国有企业均位列前 10；处于资本密集度中等的行业多为设备制造、化学纤维制造、通信等资本和技术密集型行业领域，可以采取对外直接投资或外包的形式实现全球化生产经营。随着中国经济的发展、经济结构转型、技术水平的提高，在第二行业层次中，民营企业的数量逐渐增加。随着中国民营企业生产技术的不断改进、创新，这一行业领域的资本密集度必然会逐渐提高，进而更多地以对外直接投资的形式实施全球化生产经营，也必将成为中国对外直接投资的重要力量。

表 5-3　中国不同行业对外直接投资模式选取

行业	行业资本密集度	方式选择
石油加工、炼焦及核燃料加工业	446.33	对外直接投资
其他采矿业	418.50	
废弃资源和废旧材料回收加工业	381.43	
烟草制品业	364.92	
有色金属冶炼及压延加工业	263.44	
燃气生产和供应业	239.30	
农副食品加工业	237.68	
化学原料及化学制品制造业	231.90	
黑色金属冶炼及压延加工业	229.61	
电力、热力的生产和供应业	223.09	
黑色金属矿采选业	220.30	
木材加工及木、竹、藤、棕、草制品业	209.21	
化学纤维制造业	198.98	对外直接投资+外包
通用设备制造业	161.31	
有色金属矿采选业	158.52	
造纸及纸制品业	155.84	
非金属矿物制品业	150.53	
金属制品业	149.83	
非金属矿采选业	144.54	
交通运输设备制造业	143.30	
专用设备制造业	135.83	
饮料制造业	126.02	
食品制造业	124.34	

续表

行业	行业资本密集度	方式选择
塑料制品业	124.05	对外直接投资+外包
电气机械及器材制造业	123.75	
医药制造业	122.19	
石油和天然气开采业	118.27	
橡胶制品业	116.38	
印刷业和记录媒介的复制	112.21	
工艺品及其他制造业	91.97	
通信设备、计算机及其他电子设备制造业	88.25	
纺织业	88.07	
仪器仪表及文化、办公用机械制造业	86.43	
家具制造业	78.53	外包
煤炭开采和洗选业	63.71	
纺织服装、鞋、帽制造业	52.49	
水的生产和供应业	45.42	
皮革、毛皮、羽毛（绒）及其制品业	44.31	
文教体育用品制造业	39.75	

注：数据来源于《中国工业经济统计年鉴》。

5.2.3 对外直接投资行业选择的综合分析

通过5.2.1和5.2.2中关于企业内生边界理论的模型推导和数据分析可以看出，行业资本密集度与对外直接投资之间的内在逻辑关系，即由于市场中的信息不对称，导致生产参与者之间的纳什议价博弈过程，生产者会根据事前利润最大化的原则，调整生产要素的投入比例，选择最优的生产组织形式实施全球化生产经营战略。当 $\Phi'(\lambda) > 1$ 时，即资本密集程度大于某一临界值时，表示生产最终产品的企业采取一体化经营形式所获得的事前收益高于采用外包方式获取的收益，此时企业必然会选取对外直接投资的形式进行垂直一体化经营；当 $\Phi'(\lambda) < 1$ 时，即资本密集程度小于某一临界值时，表示生产最终产品的企业采取外包经营形式所获得的事前利润大于采取一体化经营形式所获得的事前利润，此时企业就会选择外包的组织形式进行生产经营。由此可以推断出，中国企业进行对外直接投资是由于所获得的事前利润较高，而这与其资本密集程度有关。换句话说，中国企业在选择某一行业进行对外直接投资时，与行业的资本密集程度相关，行业资本密集程度对中国企业是否实施对外直接投资战略起到决定性的作用。总之，异质性资本密集度对企业实施全球生产经营的组织方式，即对外直接投资或外包，具有内生决定作用。

各国经济发展的一般规律和历史经验表明：随着生产力的发展，一国的工业化进程需经历两个阶段：第一阶段表现为产业结构重心由第一产业向第二、三产业转移，这主要是由于生产力发展到一定程度时，第一产业所需的劳动力逐渐减少，剩余的社会劳动力转向第二产业，产业结构重心转移到第二产业，第一产业对国民经济生产总值的贡献度降低，而第二、三产业对国民经济生产总值的贡献度逐步提升；第二阶段表现为第二产业的重工业化，即由轻工业向以重工业为核心的产业结构转型，这一阶段的主要特征是从低经济附加值的资源密集型产业向高经济附加值的制造业转变。中国工业化进程也是经历了这两个阶段的发展，在这一进程中，我国民营企业的发展也符合这一特征。在工业化初期，中国民营企业主要集中于原材料加工、配件组装等劳动密集型产业。经过早期的发展和资本的积累，中国民营企业逐步转向服装制造、纺织、造纸等中等资本密集型产业，在国民经济中的地位进一步提升。随着社会生产的发展、资本的进一步积累、生产技术的提高，中国民营企业逐步转向汽车、机械、设备等资本和技术密集型的高经济附加值行业，并且其在行业中的占比逐渐超越国有企业，成为推动中国产业转型升级的重要

力量。因此，中国政府应当大力推进民营企业的发展，加速其由劳动密集型产业向资本密集型、技术密集型产业的转变，从而推动中国产业结构的优化升级。

5.3 民营企业对外直接投资的行业风险识别

波特五力模型是识别行业风险的经典模型之一，由哈佛大学商学院教授 Porter 于 20 世纪 80 年代提出，其核心思想就是：行业吸引力（盈利能力）和行业内的相对竞争地位是企业获取行业竞争优势的关键因素。因此，企业识别行业风险时，需要对卖方议价能力、买方议价能力、行业现存竞争者竞争实力、潜在竞争对手市场进入能力、产品替代能力等五种能力进行分析。企业通过分析行业的五种能力，并与自身所拥有的能力进行对比后，选择差异化、低成本或集中化等三种战略方式进入潜在利润较高的行业。波特五力模型及影响因素如图 5-1 所示。

通过图 5-1 的分析可以看出，企业选择行业时需要考虑的五种能力及影响因素主要包括：

（1）供货商讨价还价能力

供货商利用提升生产要素价格和减少单位产品品质的能力，对行业里现存企业获利水平与商品竞争实力施加影响。供货商讨价还价能力高低和要素投入具有密不可分的关系。当供货商的要素投入在产品成本中所占比重较高，或者所提供产品的成本和质量对购买者的生产过程非常重要时，供货商的讨价还价能力就较高。一般来说，当供货商所提供的产品具有垄断地位或替代成本较高时，其讨价还价能力便非常强。如果供货商具备很强的讨价还价能力，必然会利用提升价格或降低质量等方式对购买者施加压力，从而使得购买者的成本上升，利润空间缩小。

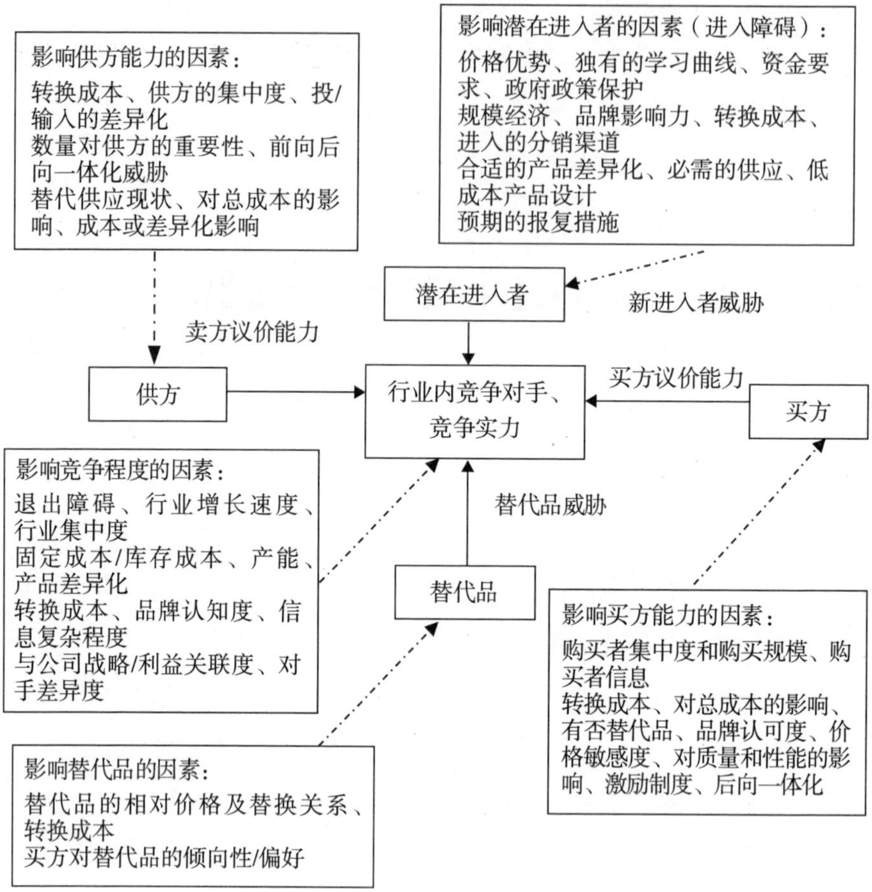

图 5-1　波特五力模型及影响因素

（2）买方讨价还价能力

买方利用降低价格和提升商品与服务品质的能力，对行业里现存企业获利能力与商品竞争实力形成影响。通常而言，当行业中的购买者具有垄断地位或产品替代成本较低时，其讨价还价能力就高，从而使得供应商的价格较低，利润空间缩小。

（3）现存竞争对手的竞争实力

在行业里，大多数企业存在密不可分的利益关系，企业竞争策略是总体策略必不可少的构成部分，它的存在是为了使企业获取强大的竞争

优势，很容易造成企业出现竞争和博弈。一般来说，体现于商品价格、售后服务、广告宣传等诸多方面的竞争。通常而言，如果某个行业准入门槛非常低，那么竞争者必然会增加，市场竞争压力会非常大。如果市场发展非常成熟和完善，那么商品需求会明显下降，竞争对手会利用降低价格等方式对产品进行促销；如果行业之中商品同质化现象非常严峻，商品替代率较高、替代成本较低，企业之间的竞争也会加剧；当行业退出成本较高时，即退出竞争所付出的成本比参与竞争还要高时，企业会选择继续生产，参与市场竞争。因此，当现有竞争者的竞争能力较强时，对于新进入该行业的企业所面临的竞争就越激烈，利润空间就越小。

(4) 替代品的威胁

当两个企业处于同一行业时，其生产的产品可能会由于较高的替代性而形成竞争格局。因为替代品具有明显的威胁，因此，许多企业需要提升商品品质，减少生产成本，通过价格优势实现销售收入和利润的增加。总体来说，替代品售价较低，品质优良，那么买方的转换成本便会非常低，商品具备的竞争优势会非常明显。

(5) 潜在竞争者的进入威胁

如果企业竞争对手参与了同个行业，虽然一方面会为行业发展提供崭新的生产力量、领先技术手段与核心资源，但另一方面也会和行业之中现存企业形成巨大竞争，共同瓜分市场，威胁到现存企业的生存与发展。具体来说，竞争对手进入威胁能力受到两项要素影响：一是行业准入门槛，具体来说包含营销途径、资金需求、资源条件、规模效应、政府行业限制政策等；二是行业内现有企业对新进入者的预期反应能力，即现有企业是否会采取报复行动以及由此而产生的成本和风险。

由此可见，波特的五力模型将产业经济学与管理学联系起来，便于企业在行业选择时对面临的风险进行识别和分析，并且蕴含了企业在行业竞争中的三大策略，即专一化策略、差别化策略与成本领先策略。这一章节引入波特的五力竞争模型，进而深入剖析中国民营企业开展对外直接投资活动时所面临的行业风险。

根据五力竞争模型可以从三个角度归纳出中国民营企业对外直接投资的行业风险，具体如下所示。

第一，资源获得风险。尽管出于国家战略地位的考虑，一个国家会扶持和培育某些产业的发展，使得其发展不会受到资源禀赋的瓶颈。但随着国际合作的不断深入，资本的自由流动能力提高，资源的优化配置不再局限于某一国家，而是通过全球范围内的资源优化配置，实现利润最大化。因此，对外直接投资就成为获取境外资源，促进产业快速发展的有效方式，表现出由"对比优势"发展至"竞争优势"的全球经济发展普遍规律。如果想利用对外直接投资活动将西方国家的资源禀赋充分发挥出来并加以运用，打造核心产业，增强市场竞争实力，必须要满足两项条件：其一，对外直接投资企业可以在东道国公平享受资源禀赋。其二，对外直接投资企业必须维持较高的资源利用率，进而稳固成本优势。比方说中国某个建筑企业在非洲阿尔及利亚建设工程，在运用东道国劳动力资源禀赋时面临巨大的阻力。因为本地劳动力价格非常低，极易获得，因此企业在进行直接对外投资时，并没有考量到劳动力使用问题，而企业在项目建造时了解到本地劳动力文化水平普遍较低，工作效率不高，在这一情形之下，企业在中国调遣劳动力面临很高的成本，必然会使项目的进展遭受不良影响。

第二，行业竞争风险。根据五力模型分析，行业竞争的激烈程度取决于卖方议价能力、买方议价能力、行业中现存竞争对手的竞争力、替代品的替代能力和潜在竞争者的进入能力这五个方面。中国民营企业在进行对外直接投资时所面临的行业竞争风险主要包括：一是东道国行业内现有企业的竞争压力。由于行业内的东道国企业在适应当地市场、社会文化、消费者习惯等方面具有明显的优势，并且受到当地政府的保护。中国民营企业以对外直接投资的形式进入该行业，很可能受到这些东道国企业的强力反击。二是母国竞争对手的竞争压力。由于处于同一行业的企业在竞争策略、技术水平、生产工艺、产品标准等方面具有很高的相似度，当同业中的某一企业实施对外直接投资战略扩张时，很容易引

起其他企业追随和效仿，从而形成对外直接投资的博弈关系。一旦同业中的某一企业率先在东道国进行投资时，通常会使其在境外竞争中占据有利地位。三是第三国企业的竞争压力。通常来说，实施对外直接投资战略进行海外市场拓展的企业，都是资本实力雄厚、技术先进的跨国企业。进入东道国的第三国企业，可以通过寻求母公司的技术、资源支持或者联合其他企业应对国际竞争，以更高的进入壁垒、激烈的竞争、技术垄断、资源垄断等限制新进入者，从而使中国民营企业对外直接投资的行业竞争风险增加。

第三，市场效率风险。市场效率风险是由某一行业的市场容量、潜力和成熟度等因素引起的风险。中国民营企业进行对外直接投资时，一方面会受到东道国市场容量的制约；另一方面会受到东道国的市场成熟度和行业政策的影响。市场风险主要包括行业特征和消费者需求偏好两个方面：一方面，某一行业的发展潜能、供给与需求架构、市场规模等决定了国内民营企业对外直接投资的盈利能力和行业风险的大小；另一方面，东道国消费者需求偏好、消费习惯、消费方式也会影响中国民营企业对外直接投资的产品销售量、销售价格，进而影响其行业风险的大小。因此，中国民营企业在实施对外直接投资时，要根据东道国的消费者习惯、宗教信仰、社会文化等调整产品结构，这必然会导致生产成本的上升，利润空间的缩小。

5.4 对外直接投资行业风险的防范

5.4.1 资源获取风险的防范

中国民营企业利用对外直接投资的形式在东道国开展生产运营活动，获得与运用核心资源过程中会面临诸多行业风险，核心资源具体包含原料、人力资源与财务。

（1）原料

生产原料获得和投入的成本对国内企业在东道国市场中的获利水平具有决定性影响。所以对国内民营企业而言，采购生产原料时必须要确定采购目标，扩大多样选择面，规避对采购渠道形成依附。在采购生产原料时，应当在国际范畴之内选取供货商，构建完善的国际供应链系统，不能将重点仅放在东道国的原料市场。在采购方式方面，要全方位考量到采购开支、库存开支与货品短缺开支存在的关系，运用定量分析法编制采购规划。依据市场需要构建供应链体系，搭建物流输送平台，以降低物流成本，为企业创造巨大的经济收益。整体而言，国内民营企业在进行对外直接投资过程中，必须要充分运用全球化资源优势，规避直接对东道国投资面临的成本增长问题，以稳固竞争优势，增加市场份额。

（2）财务

国内民营企业对外直接投资所面临的财务风险是行业风险中关于资源获取风险必不可少的构成部分，怎样利用合理的举措来减少财务风险，帮助其达到财务发展目标，是国内企业对外直接投资过程中降低和回避资源获得风险的关键。

第一，国内民营企业在进行对外直接投资时，需要熟悉东道国的行业税收政策、资源税收政策等宏观政策环境及其变化，并通过健全财务管理制度、聘请专业能力极强的财会工作人员等举措，构建完善的财务管理制度，真正适应东道国各项财税政策的变动，提高自身的适应能力和应变能力，从而有效防范东道国的行业财务风险。

第二，合理规避汇率风险。近年来，随着中国对外直接投资的增长和人民币国际化进程的推进，越来越多的企业在海外市场拓展中遭受汇率风险。由于东道国汇率制度的不同以及国际流资的投资行为，导致汇率大幅波动，从而减少企业的境外运营收益。事实上，这是中国民营企业在开展对外直接投资项目时需要重视的风险。为有效防范汇率风险，中国民营企业在对外直接投资过程应采取以下几个措施：一是根据客户

所处地区不同，分别选用不同的结算货币。出口收汇实行多币种结算，并通过购买远期汇率合约达到保值、增值的目的；二是进口付汇应采用单币种结算，主要是美元、欧元等国际货币，并通过远期支付的方式，提早或延迟支付；三是利用交易融资产品调整外汇头寸交付期限，从而更改交易款项的结算时间，真正地降低汇率风险，防止汇率波动引发的经济亏损。四是合理运用远期结售汇、远期外汇买卖等多种金融衍生品，应对结算期限错配等诸多问题，使汇率风险维持于合理的范畴内。

第三，选取最佳的资本结构。资本结构有所差别，对企业财务开支与运作资金利用率影响非常深远。中国民营企业在开展对外直接投资活动时，必须要明确合理的资本架构，正确均衡债权和债务存在的关系，这一举措能够防御和应对资本风险，提升资金使用率。对国内民营企业而言，可利用调整公司资本结构，发挥出财务杠杆具备的效用，增强对资金的管控力度，引导资金有序流通，提升资金使用率，进而加强企业的风险防范和应对能力，减少企业面临的财务风险。

（3）人力资源

企业在参与全球市场竞争时，面对的主要问题是人才竞争。根据前几章对民营企业五百强开辟境外市场过程中面对的困境与影响要素剖析结果得知，缺少直接投资经验的管理人才是约束中国民营企业对外直接投资的最大瓶颈，所以为发挥出人才具备的优势，企业应当依据东道国的实际情况制定合适的人才战略，包括制定合理的人事制度、股权激励政策、职业发展通道等。由于中国民营企业对外直接投资起步较晚，在人才引进、管理等方面的经验不足，导致其所面临的人才风险较大。为此，中国民营企业可以借助专业的第三方人力资源管理机构，提升自身的人才管理水平，从而增加其人才优势，降低对外直接投资的人力资源风险。

5.4.2 行业竞争风险的防范

行业竞争和市场结构具有密不可分的联系，由于国内民营企业在进行投资时热衷于投资资本密集型行业，并且大部分行业处在垄断竞争地位，国际市场里的企业因为具备垄断优势，因此占据了巨大的市场份额，但国内民营企业进行对外直接投资时，会被东道国企业视作重要竞争对手，因此，面临的行业竞争风险较大。为有效防范行业竞争风险，中国实施对外直接投资的民营企业需要从以下三个方面加以防范。

(1) 对商品进行本土化

国内民营企业在参与东道国市场时，在中国销量较高的商品可能在东道国销路不畅，因此，必须要对商品做出改进，使之适应东道国市场的需求。可培养一大批可以精准预估东道国民众消费需求特征的专业人才，利用调研东道国市场，对商品做出改良和创新。如此一来，不但可以达到东道国的市场需求，而且能够确保国内民营企业在境外市场具备产品优势，占据巨大的市场份额。

(2) 加强商品品质

国内民营企业在中国市场销量很高的商品必定具备品质优势，这些优势来自严苛的管理举措与品质监管系统，因此在参与东道国市场时，怎样稳固产品竞争优势，加强产品核心竞争实力，更好地参与东道国市场竞争，是国内民营企业应当考量的核心问题。

(3) 巩固专利优势

国内市场与东道国国家的市场在专利机制上具有明显的差别，这需要国内民营企业在进行对外直接投资时，必须遵从东道国的专利机制，凭借着在中国拥有的专利核心优势，开发东道国市场，以扩大市场份额。另外，也要注重把东道国的创新元素加入中国产品的研发里来，真正增强产品核心竞争实力。

5.4.3 市场效率风险的防范

中国民营企业在进行对外直接投资时，所面临的市场效率风险主要来自行业选择和企业跨文化管理两个方面。因此，为有效防范市场效率风险，中国实施对外直接投资的民营企业可以从以下两个方面入手。

(1) 合理选取行业

行业选取是国内民营企业对外直接投资最为主要的影响要素。中国民营企业在进行对外直接投资的行业选择时，应当遵循边际产业扩张理论，合理选取对外直接投资面向的行业。根据 5.2 节的分析结果可以看出，中国机械设备制造业、通信技术业等领域，经过多年的高速发展，生产能力和产品质量大幅提高，已经形成了较高的行业资本密集度，并且国内市场需求已经饱和，面临较大的市场竞争压力，行业平均利润逐渐减少。但是，如果着眼于全球市场，与其他发展中国家相比，中国民营企业在这些行业中的比较资本优势和比较技术优势依然存在。因此，根据小岛清的边际产业扩张理论，明确对外直接投资的行业类型，不仅可以转移过多的生产能力，而且也可以在保持“比较优势”地位的前提下，充分利用东道国的资源获取更大的利润。同时，这也顺应了中国产业结构升级的大趋势。

(2) 加强跨文化管理方面

中国民营企业在实施对外直接投资过程中，必然会面临更为复杂的社会文化、宗教信仰等方面的差异，以及由此带来的风险。因此，为避免差别文化引发的不良影响，国内民营企业在进行对外直接投资时，应当培养形成跨文化的企业文化管理理念，从而达到规避风险的效果。

第一，树立跨文化的管理理念。中国民营企业在对东道国进行投资和生产经营时，必然会面临东道国在语言、文化、宗教信仰等方面与中国的差异，从而加大企业管理的难度和障碍，进而影响企业在东道国的生产经营。这就需要中国民营企业在尊重东道国风俗、文化、价值观的基础上，通过自身的学习，树立领先的跨文化管理观念。

第二，寻找各类文化的相似之处。尽管不同的文化之间存在较大的差异性，但作为跨国经营的企业管理者可以通过寻求不同文化之间的共同点，进而形成超越不同文化差异的企业经营目标，最大限度地挖掘员工的潜力，激励不同文化的员工为实现这一目标共同努力。同时，企业管理者应建立或组织跨文化的沟通、交流机制，在尊重彼此文化差异的基础上，尽可能地降低文化冲突，形成跨文化的企业文化。

第三，推进跨文化意识的培养。企业管理者应当通过对企业员工跨文化意识的培养，加强员工对不同文化、宗教信仰、价值观的适应能力，从而维系企业内部良好的人际关系，尽可能地避免文化冲突的发生。

5.5　本章小结

本章首先运用统计数据对中国民营企业对外直接投资的行业分布特点进行分析；其次，基于企业内生边界理论进行理论模型推导，得出行业资本密度是影响企业对外直接投资最主要的影响要素，基于此，实证研究了国内民营企业直接对外投资行业选取问题；再次，基于波特的五力模型，指出中国民营企业在进行对外直接投资时识别行业风险的具体方法；最后，根据波特五力模型的分析结果，从资源获取、行业竞争和市场效率入手，针对国内民营企业对外直接投资面临的行业风险，提出行之有效的防御和应对举措。

第六章　民营企业对外直接投资的技术风险

6.1　民营企业对外直接投资的技术构成

根据第二章对相关理论分析的结果，企业对外直接投资过程中，技术要素不但具备正向影响，还具备逆向影响。正向影响形成于母国技术发展程度比东道国更高的情形之下，母国企业利用技术优势可以提升生产效率，增强竞争实力，在东道国市场中占据巨大的份额。逆向影响表现于东道国和母国对比，技术水平更为高超。因此，对外直接投资可以加快本国吸纳西方国家领先的技术手段，提升母国的生产率。针对上述状况，本章对技术类别做出划分，进而依据技术具备的正向影响与逆向影响，从而间接分析民营企业对外直接投资面临的技术风险问题。

6.1.1　技术构成与技术促进作用

卡尔多（1958）明确指出，物质资本效率存在差别，这是由于技术水平不尽相同。基于此，他将技术划分成两种：第一，体现式技术进步（正向技术溢出效应）；第二，非体现式技术进步（逆向技术溢出效应），这是区分技术组成的重要参考依据。

如果投入要素数目不断增长时，产品品质也会明显提升，企业产出率不断增长，那么意味着这类投资包括体现式技术进步。因为这类技术进步一般形成于投资的各个环节，因此一些学者把它叫作资本体现式技术进步。依据资本的含义，可把体现式技术进步划分成两种，人力资本与实物资本体现式技术进步。这种技术进步实现渠道通常是依附于技术引入、运用与转移。也就是说，利用新型产品、新型设施等诸多形式，提升投资品质，从而增加产出。总体而言，本国企业利用对外直接投资的形式对外输出领先的机械设施、充足的劳动力与科学的管理模式，进而在东道国稳固竞争地位，牟取经济利益，形成效率优势，这发挥出了技术的正向影响。非体现式技术进步主要是利用对技术发展程度很高的东道国直接投资，投资意图并不是获得巨大的收益，而是获得东道国的技术手段，形成非体现式技术进步，从而为企业更长久的发展积蓄力量，此时对外直接投资的方式多以建立研究中心、同其他企业合作等。

由某种程度上而言，技术来源于研究。纵观历史发展进程中，各个时期技术进步均历经了突变——发展的循环渐进式过程。依据马克思提出的历史唯物主义理论，这满足事物由量变发展到质变的客观规律。所有技术革命的形成均是建立在不断累积知识的前提下所做的新突破。纵观三次技术革命所获得的成果，技术发展与进步均来自领先的技术研究成果。如果想确保生产实践工作有序开展，应当重视对技术的运用，这和基础科学的特点是完全符合的。其一，基础科学所研究的范畴为理论与实践，旨在获得能够洞察的客观事实包含的基础知识，通过对知识做出总结归纳，进而构建完善的理论系统；应用科学将已经形成的知识作为基础，进而寻求达到生产目标的崭新方式。其二，根据研究目的的不同，基础科学提前并不具备任何特殊的应用目的，仅仅是对物质运动实质规律所做的反馈，应用科学拥有极强的目的性，它是为处理好某项问题所形成的。其三，由效益上来说，基础研究尽管历经时间很长，需要投入很多精力，然而获得的社会效益非常显著，研究结果具备极强的外溢效应。诸多经济欠发达国家企业对发达国家实施直接投资时，目的通

常是获取东道国国家领先的技术手段，优质的科技研究人才，加强自身的技术优势，技术成果最终会转化为实际生产力，真正提升母国企业的技术水平，进而使企业在东道国市场中占据显著的效率优势。

6.1.2 民营企业对外直接投资的技术构成

因为企业技术类别有所差别，因此其对企业对外直接投资区位选取与方式影响颇大。假如企业投资动机为市场寻求型，那么通常会选取技术发展水平比母国更低的东道国来实施对外投资，采用的投资模式主要是生产性投资，由此，可以更为方便地运用体现式技术优势。但对投资动机是技术寻求型企业而言，选取技术水平很高的国家，对其实施投资意图并不是直接获得收益，而是得到技术优势，使企业长远发展拥有源源不断的动力。采用的投资模式主要是成立研究基地、和其他企业建立协作关系等，以获得非体现式技术优势。由长期的视角来说，伴随企业规模扩大，技术水平明显提升，非体现式技术会变成企业将来得到特殊技术优势的保障。

一般而言，东道国企业得到非体现式技术优势，即逆向技术溢出效应的方式主要有四种：一是独立研发，即对外直接投资的企业通过在东道国设立科研机构，并利用当地的高科技研发人才，获得产品生产技术的专利权和开发权。但是，这种独立研发的形式，需要付出的研发成本高、周期长，承担的风险也就大；二是合资经营，即与东道国企业联合，共同研发，共担研发成本和研发风险。但是，这种合资经营的方式由于涉及不同的企业，在管理理念、经营战略、企业文化等方面存在差异，容易导致管理冲突，降低研发效率；三是技术联盟，即通过与东道国企业以联盟的形式进行技术的创新，充分利用两者在技术上的互补优势，共同承担研发风险，但却不利于保护各自的技术产权；四是跨国并购，即利用雄厚的资本直接以收购、兼并的形式实现约束东道国企业的意图，进而获取其领先的技术手段，降低研发成本，但由于受到信息不对称的影响，这种方式面临的投资成本以及后期的整合成本较大，也需要承担较大的投资风险。

6.1.3 技术构成视角的技术风险

依据路易斯提出的小规模技术理论与边际产业理论，经济欠发达国家企业对外直接投资最为主要的影响要素是技术优势，这形成于东道国与母国存在的技术差别。是否差别较大的技术水平可以获得更高的收益呢？实际上并不是这样。根据坎特威尔提出的产业升级理论，企业获取收益的重点在于适应性。母国企业考虑到获得最大化收益，会拒绝把领先的技术手段运用到技术水平相差甚远的东道国，更多的是寻求更为适合的技术，只有目前技术在东道国难以得到竞争优势，才可能运用领先的技术手段。因此，对国内民营企业而言，直接投资技术发展水平较低的国家，选取适宜东道国的技术手段是规避和应对风险的重要方式。假如技术选取不够合适，那么必然会使企业在东道国市场缺少核心优势，难以收获最大的利润，或由于并未应用最佳技术，缩小了企业的收益空间。

中国民营企业在对发达国家进行对外直接投资时，并不占有技术优势，并未真正应用技术溢出效应，即并未利用技术扩散效应对某国企业技术进步起到积极影响。风险要素和某个企业对新型技术手段的吸纳与革新能力息息相关。对新型技术手段吸收与化解速度较快，意味着某国企业可以在东道国市场竞争力占据核心优势。因此由风险要素加以分析，体现式技术进步取决于技术合理选取，非体现式技术进步取决于对外部技术的吸纳能力。

6.2 民营企业对外直接投资中技术构成的测算

这一章节会重点分析各类技术组成对国内民营企业对外直接投资具有的影响，接着会验证形成的逆向技术溢出效应，从而间接指出民营企业对外直接投资所面临的技术风险。

6.2.1 非体现式技术进步的测算

本书通过计算 DEA（Data Envelopment Analysis）模型中的 Malmquist 指数分析非体现式技术进步。西方知名的运筹学家 Charnes、Cooper、Rhodes1978 年提出相对效率评价的 DEA 模型，即采用非参数统计法评价多投入、多产出的同质决策单元的相对效率，并将这一模型运用到企业生产效率研究中。

DEA 模型运用线性筹划技术，把全部决策单元投入与产出表现于效率空间之内。通过连接最优决策单元生产点的轨迹构建有效生产前沿面，并将位于有效生产前沿面上的决策单元的投入产出组合定义为完全效率，它的效率值是 1，也就是说，在固定投入之下获得的产出是最大化的，或者产出一定的情形之下，投入的要素是最少的。接着依据各个决策单元真实值和有效生产前沿面存在的区位关系，核算各个决策单元对应的效率值。DEA 模型数据结构如图 6-1 所示。

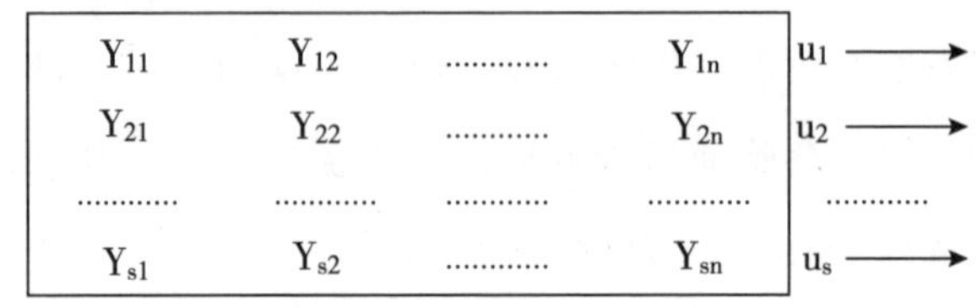

图 6-1 DEA 模型数据结构图

根据是否考虑规模效率因素影响，DEA 模型可以分为 CCR 模型和 BCC 模型这两类基本模型，其他 SBM、TFP 等十余种模型都是这两种基础模型所发展而来的。CCR 模型重点考量综合效率（STE），$\leq \theta \leq 1$ 代表着 k 个决策单元对应的综合效率值，它所代表的经济学意义是：如果第 k 个决策单元采取投入导向模式生产，即决策单元产出水平不变时，其实际生产要素的投入与处于有效生产前沿面决策单元的生产要素投入之比。由此可以推出：当 $\theta = 1$ 时，第 k 个决策单元处于有效生产前沿面上，即被定义为完全效率。通过定义可以看出，完全效率是规模效率和技术效率的综合体。而 BCC 模型把技术效率划分成两种，一是纯技术效率，二是规模效率，认为技术效率是纯技术效率与规模效率的乘积。通过这种分解方式，可以在剔除规模效率的影响后，将未处于生产技术和最佳规模上的技术无效的低效率决策单元分离，从而计算出纯技术效率。由此可见，通过 BCC 模型核算所获得的纯技术效率可以精准如实地反映决策单元整体运营管理水平。CCR 与 BCC 模型具体核算公式如下所示：

$$\min_{\lambda,\ \theta}\theta$$
$$\begin{cases} \sum_{j=1}^{n} X_j\lambda_j \le \theta X_k \\ \sum_{j=1}^{n} Y_j\lambda_j \ge Y_k \\ \sum_{j=1}^{n} \lambda_j = 1 \end{cases}$$
$$\lambda_j \ge 0,\ j = 1,\ \cdots,\ n$$

CCR 模型

$$\min_{\lambda,\ \theta}\theta$$
$$\begin{cases} \sum_{j=1}^{n} X_j\lambda_j \le \theta X_k \\ \sum_{j=1}^{n} Y_j\lambda_j \ge Y_k \end{cases}$$
$$\lambda_j \ge 0,\ j = 1,\ \cdots,\ n$$

BCC 模型

通过 CCR 和 BCC 模型的计算公式可以看出，DEA 模型在测算企业效率方面具有三大优势：第一，评价流程简化，即不需要将决策单元的生产要素投入、产出值进行量纲化处理；第二，评价结果客观，即 DEA 模型采用线性规划模型，根据决策单元客观的投入、产出值进行测算，从而有效地规避评价结果的主观性；第三，评价结果意义明确，即通过 DEA 模型测算的效率值具有明确的经济含义，包括纯技术效率、规模效率等指标，从而客观、全面地评价决策单元的生产经营。

但是，通过计算过程也可以发现，CCR、BCC 等传统 DEA 模型也存在一定的局限性：第一，有效生产前沿面的位置和形状均会受到测量误差和噪声的影响，而传统 DEA 模型并未考虑这些因素；第二，由于未考虑测量误差和噪声等因素，使得测量结果存在偏差；第三，测算的结果仅仅表示相对有效率，不利于比较和分析。

所以，为弥补 DEA 模型的缺陷，本书运用 Malmquist 指数法。DEA 法属于静态化的剖析，获得的效率值只是相对范围内的有效值，是横向对比；Malmquist 指数法是动态化的剖析效率，一方面能够对同个阶段效率作横向对比，另一方面能够对某个持续阶段的效率作纵向对比，该方法是法尔 Fare（1994）等学者参考了谢泼德 Shephard（1970）的距离函数所形成的，它的表达公式是：

$$M_{t,\ t+1} = \left[\frac{D^t(x^{t+1},\ y^{t+1})}{D^t(x^t,\ y^t)} \times \frac{D^{t+1}(x^{t+1},\ y^{t+1})}{D^{t+1}(x^t,\ y^t)}\right]^{\frac{1}{2}} \tag{6-1}$$

在此之中，$D^t(x^t,\ y^t) = \inf_{\theta}\{\theta:\ (\theta X^t,\ Y^t) \in P(X)\}$ 代表了 Shephard（1970）设计的距离函数，$P(X)$ 代表了固定技术水平之下的生产可能集。

根据公式（6-1）可以看出，距离函数 $D^t(x^t,\ y^t)$ 即表示 t 时刻的生产要素组合 $(x^t,\ y^t)$ 到有效前沿面的距离，即为 DEA 模型对应的效率函数值。所以可以把 Malmquist 指数划分成：

$$\begin{aligned} M(x^t,\ y^t,\ x^{t+1},\ y^{t+1}) &= \frac{D^{t+1}(x^{t+1},\ y^{t+1})}{D^t(x^t,\ y^t)} \\ &\times \left[\frac{D^t(x^t,\ y^t)}{D^{t+1}(x^t,\ y^t)} \times \frac{D^t(x^{t+1},\ y^{t+1})}{D^{t+1}(x^{t+1},\ y^{t+1})}\right]^{\frac{1}{2}} \\ &\times \frac{D^{t+1}(x^{t+1},\ y^{t+1})/D^t(x^{t+1},\ y^{t+1})}{D^{t+1}(x^t,\ y^t)/D^t(x^t,\ y^t)} = Te \times T \times S \end{aligned} \tag{6-2}$$

在此之中，Te 代表了技术效率变动，T 代表了技术进步，S 代表着规模效率。技术效率变动（Te）是通过计算决策单元与有效生产前沿面距离的跨期比值得出，反映出决策单元是否向有效生产前沿面不断推进的变化过程；技术进步（T）通过测算不同时期决策单元向有效生产前沿面的推进程度，表示决策单元的技术进步；利用核算各个阶段决策单元在同个有效生产前沿面的投入变动，可以得出各个角色单元对应的规模效率（S），如果 $S > 1$，意味着决策单元规模效率呈现增长的趋势，如果 $S < 1$，意味着决策单元规模效率呈现降低的趋势。

6.2.2 体现式技术进步的测算

体现式技术进步计量方式包含三类：其一，不变质量价格指数法。即基于内生经济增长模型，在区分资本投入类型的情况下（设备资本投入和建筑资本投入），测算设备资本投入价格与技术进步之间的相对关系，进而反映体现式技术进步（Greenwood，1988、Gordon，2000、赵志

耘，2007、董直庆，2010、宋冬林，2011 等)；其二，核心设施法。也就是说，用核心设施对应的技术来代表体现式技术进步；其三，生产函数估测法。它指的是根据技术内生化模型，推测体现式技术进步的计算公式（Licandro，2001、孙克，2011）。根据研究目的和数据的可获取性，本书运用第一种方式，通过价格指数法来核算体现式技术进步。

6.2.3 数据来源与测算结果

基于数据的可获取性，本书主要测算中国 2006—2016 年的整体非体现式技术进步，数据来源于历年统计年鉴。根据 DEA 模型的数据结构，选择全国就业人数和固定资产总额两个指标作为劳动和资本的投入变量；选择 GDP 作为产出指标。为剔除价格因素，更真实地反映中国资金投入、产出的情况，本书对固定资产总额和 GDP 进行价格指数平减。

对于体现式的技术进步，本书根据宋冬林（2011）的价格指数法来进行计算，即以消费价格指数与设备价格指数的比值计算，数据来源于历年统计年鉴。体现式技术进步 *E* 和非体现式技术进步 *Z* 计算结果如图 6-2 所示。

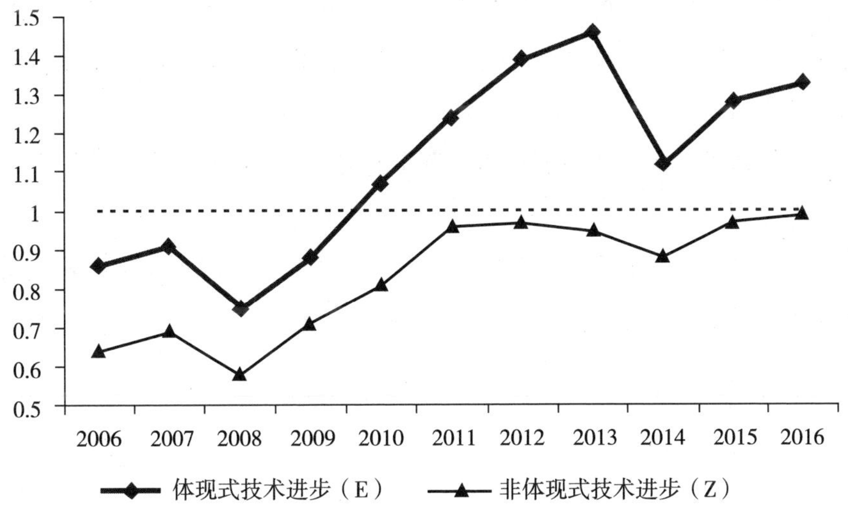

图 6-2 根据 Malmquist 指数与价格指数法获得的技术进步核算结果

根据图 6-2 可以看出，近年来，中国体现式技术进步和非体现式技术进步呈现稳步提升的变化趋势，并且体现式技术进步明显高于非体现式技术进步。从体现式技术进步变化趋势来看，在 2008 年全球金融危机后，呈现稳步提升的走势。近年来，由于中国经济转型发展的压力较大，体现式技术进步增长有些趋缓；从非体现式技术进步变化趋势来看，也是在 2008 年之后稳步上升，并且在近年来逐渐趋于有效值。由此可见，中国对外直接投资的逆向技术溢出效应正逐步显现。

6.3 民营企业对外直接投资中技术风险的实证研究

6.3.1 民营企业对外直接投资的线性技术风险——基于技术溢出效应的视角

利用上小节的不同类型技术进步计算结果，本节根据国内民营企业对外直接投资相关数据，通过构建线性回归模型，分析不同类型的技术进步对中国民营企业对外直接投资的影响，从而间接反映民营企业对外直接投资面临的技术风险。

本书选择 2006—2016 年中国民营企业对外直接投资的存量数据作为被解释变量，数据来源于历年《中国民营企业对外直接投资报告》，并对数据进行价格指数平减，剔除物价因素；体现式技术进步和非体现式技术进步为上小节中的测算结果。实证结果如表 6-1 所示。

表 6-1 两种技术进步与中国民营企业对外直接投资的回归结果

解释变量	系数	标准差	*t* 值	*Prob*
E	3.23814	0.10742	36.0922	0.0000
Z (-1)	1.81729	0.47685	3.24037	0.0059
Z (-2)	2.87744	0.38861	4.88845	0.0002
c	-0.51993	0.88231	-0.58928	0.5651
R^2	0.993644		F 统计值	729.5965
AIC	-2.21228		SC	-2.01441
DW 值	1.67279		*Prob*	0.00000

从表 6-1 的实证结果可以看出，两种类型的技术进步都对中国民营企业对外直接投资具有正向推动作用。具体来说，当期体现式技术进步对中国民营企业对外直接投资的影响系数较大；非体现式技术进步对中国民营企业对外直接投资规模的影响存在显著滞后影响，并且滞后二期的影响系数比滞后一期的大，说明非体现式技术进步对中国民营企业对外直接投资具有时滞性。总之，无论是体现式或者非体现式技术进步，均对国内民营企业开展对外直接投资活动具备明显的积极效应。伴随中国经济的转型与技术发展水平的明显提升，这些均会使得国内民营企业对外直接投资获得飞速发展。

6.3.2 民营企业对外直接投资的非线性技术风险——基于逆向技术溢出效应视角

正如前文所述，体现式与非体现式技术进步均对国内民营企业对外直接投资具备明显的正向影响，而对外直接投资会对中国的技术进步，尤其是非体现式技术进步产生怎样的影响，即是否存在逆向技术溢出效应？这是本节所研究的主要内容。

根据现有文献的研究结论，关于中国对外直接投资的逆向技术溢出效应是否存在，研究结论并不一致。一方面，由于选择样本的时间并不一致，导致研究结果存在差异；另一方面，在实证研究方法上，大多数学者采用的是线性回归模型，无法准确反映不同时期、不同阶段的不同特征所导致的研究结果差异性。为克服现有文献的研究缺陷，本书选取 2006—2016 年的样本数据，采用非线性模型刻画中国民营企业对外直接投资中的逆向技术溢出效应，数据来源于历年统计年鉴和 6.2 节中的计算结果。

6.3.2.1 非线性 STR 模型

平滑转换回归（STR）模型是基于 Quandt（1985）门槛自回归模型所发展而来的，属于一种非线性模型。

平滑转换回归 STR 模型通常的表达形式是：

$$y_t = x'_t\varphi + (x'_t\theta)G(\gamma, c, s_t) + u_t, \; t = 1, L, T \tag{6-3}$$

在此之中，y_t 代表了被解释变量，x_t 代表了解释变量，包含 y_t 直至 k 阶的滞后变量与 m 个其他解释变量。$\gamma > 0$ 是线性参数向量，$\theta = (\theta_0, \theta_1, \cdots, \theta_p)'$ 是非线性参数向量，$\{u_t\}$ 为单独同分布的误差序列。$\gamma > 0$ 代表转换函数，它是转换变量 s_t 的连续函数，而且伴随 s_t 的变动，$G(\gamma, c, s_t)$ 在 0 ~ 1 中间平稳转换。γ 代表转换速度，c 代表转换出现的时间参数，d 代表延迟参数。

Granger 与 *Teräsvirta*（1993）依据转换函数 $G(\gamma, c, s_t)$ 的表达形式，把 STR 模型划分为两种，第一种是 LSTR 族模型，第二种是 ESTR 族模型。假如转换函数 $G(\gamma, c, s_t)$ 具备以下形式：

$$G(\gamma, c, s_t) = [1 + \exp(-\gamma(s_t - c))]^{-1}, \; \gamma > 0 \tag{6-4}$$

那么把这种 STR 模型叫作 LSTR 模型。在这种模型之内，$G(\gamma, c, s_t)$ 代表了转换函数，它指的是转换变量 s_t 对应的单调上升函数。制约 $\gamma > 0$ 属于辨别性制约条件。斜率 γ 代表了从“0”过渡至“1”的速度。c 代表位置参数，可以用于明确状态转换的时间。假如转换函数 $G(\gamma, c, s_t)$ 具备以下形式：

$$G(\gamma, c, s_t) = 1 - \exp(-\gamma(s_t - c)^2, \gamma > 0 \qquad (6\text{-}5)$$

可把这种 STR 模型叫作 ESTR 模型。这两种模型都将 c 点作为转折点。和 LSTR 模型有所差别，STR 模型的转换函数形式属于偶函数，如果转换变量在 c 点进行取值，那么转换函数 G 有关 c 点对称，这意味着转换变量对目标变量具备对称性影响。如果转换函数 $G(\gamma, c, s_t)$ 取值靠近 0，那么意味着模型非线性部分不复存在，只拥有线性部分。

本书选择了 2006—2016 年国内民营企业对外直接投资流量数据作为研究指标，将其作为 *ofdi* 序列。另外也选择了国内非体现式技术进步相关数据，将其作为分析变量，记成 *tech* 序列。为规避 *ofdi* 序列受到季节要素的影响，本书采用 X12 法对季节做出了调节，而且取常用对数。为确保结果精准可靠，本书仍旧选取 *ofdi* 与 *tech* 代表预处置以后的数据。全部数据都来源于《中国民营企业对外直接投资报告》及 6. 2 节中的测算结果。

6. 3. 2. 2　模型设定与实证结果

(1) 变量平稳性检验

为客观分析中国民营企业对外直接投资与技术进步的关系，对所有数据做了稳定性检测。本书通过 ADF（Augmented Dickey-Fuller）等方法来检测序列的稳定性，结论如表 6-2 所示。

根据表 6-2 稳定性检测结果可知，*ofdi* 与 *tech* 序列都属于不稳定序列，一阶差分序列都属于稳定序列，本书把通过一阶差分处置之后的序列定义为 *dfdi* 以及 *dex* 。

表 6-2　数据稳定性检测结果

变量	ADF 检验		PP 检验		检验形式
	统计量	临界值	统计量	临界值	
ofdi	-2. 34089	-3. 67148	-1. 25849	-2. 80649	(c, t, 0)
dofdi	-6. 783548	-3. 58464	-6. 44877	-3. 32896	(c, t, 0)

续表

变量	ADF 检验		PP 检验		检验形式
	统计量	临界值	统计量	临界值	
tech	-2.319041	-3.493644	-1.162664	-3.22033	(c, t, 0)
dtech	-13.24393	-3.493644	-5.80085	-3.89623	(c, t, 0)

说明：本次检测显著水平是 5%，c 表示截距项，t 表示时间趋势。

（2）模型滞后阶数明确

为构建 STR 模型，首先最为主要的是明确模型里包括的变量滞后阶数，假设模型最高滞后阶数是 6，由这一数值开始依据 AIC 与 SC 标准进行去除，最终选取最佳的滞后阶数组合。获得的最佳组合是自变量与因变量滞后一阶，明确最佳滞后阶数以后，必须要明确变量存在的协整关系，本书运用约翰森 Johansen 极大似然估计对 VAR（1，1）模型做协整性检验，具体检验结果如表 6-3 所示。

表 6-3 约翰森 Johansen 协整检测

不受限制的协整性检验（迹）				
原假设	特征值	迹统计量	显著水平 5%时的临界值	P 值
None	0.89572	102.3161	16.4794	0.0001
At most 1	0.65091	17.8187	4.46645	0.0000
不受限制的协整性检验（最大特征根）				
原假设	特征值	Max-Eigen 统计量	显著水平 5%时的临界值	P 值
None	0.89572	87.4983	16.4626	0.0000
At most 1	0.65091	16.8187	3.91637	0.0000

根据表 6-3 中约翰森 Johansen 检验结果显示，变量之间具有两项协整关系，因此，后续需要格兰杰因果关系检测。因为格兰杰因果关系检测对变量稳定性具有很高的敏感度，需使用一阶差分序列来检验，具体结果如表6-4所示。

表 6-4　格兰杰因果关系检测结果

原假设	滞后阶数	F 统计量	P 值
dofdi 不是 *dtech* 的格兰杰原因	1	0.47125	0.35646
dtech 不是 *dofdi* 的格兰杰原因		5.66114	0.00689
dofdi 不是 *dtech* 的格兰杰原因	2	322.827	0.00000
dtech 不是 *dofdi* 的格兰杰原因		297.899	0.00000
dofdi 不是 *dtech* 的格兰杰原因	3	1.67193	0.15467
dtech 不是 *dofdi* 的格兰杰原因		2.75685	0.07915

根据表 6-4 得知，滞后一阶与三阶之间仅仅具备 *tech* 至 *ofdi* 单向格兰杰因果关系，滞后二阶中间具备双向格兰杰因果关系，这和逆向技术溢出对中国技术进步具有的影响结论是部分符合的。存在差别包含两项原因：第一，因为样本检测方式、选取的数据存在差别；第二，因为二者具备复杂多变的非线性关系，因此使得检测结果出现了不同。

（3）非线性检测

明确了自回归项之后，依据泰雷斯维尔塔 *Teräsvirta*（1998）处置办法，选取转换变量，检测线性假定关系。在否决线性假定的前提之下实施 H_{02}、H_{03}、H_{04} 序贯检测，用于确定转换变量与相关模型的具体形式，检测结果如表 6-5 所示。

表 6-5　线性假定检测与转换变量以及模型形式选取结果

统计量 / 转换变量	F	F4	F3	F2	模型或转换函数类型
dtech（*t*-1）	1.34e-08	3.31e-02	1.59e-05	6.33e-07	LSTR1
dofdi（*t*）*	3.39e-10	2.50e-03	3.46e-04	6.55e-14	LSTR1
dofdi（*t*-1）	3.41e-12	3.74e-02	4.03e-04	7.08e-14	LSTR1
TREND	1.79e-09	6.48e-02	5.38e-02	1.97e-17	LSTR1

注：依次代表着 H_0、H_{04}、H_{03} 与 H_{02} 假定之下的 F 统计量，对应的各项数据是 F 统计量的 p 值，* 代表着 STR 模型明确的最佳转换变量。

依据表 6-5 可知，如果转换变量是 *dofdi*，那么接受线性假定的概率是 3.39e-10，和 0.05 相比要小得多，所以在 5%的明显水平之上，否定对外直接投资和非体现式技术进步之间具备线性关系的假定，接受二者具备非线性关系的备选假定。将 F4、F3 与 F2 三项统计量进行对比，F2 对应的 P 值较小，依据序贯检测形式，可明确转换函数 G 对应的 LSTR1 型，具体见式（6-4）。

（4）模型参数估测

Teräsvirta（2004）认为模型里对应的平滑参数 γ 与对应的位置参数 c 原始估测值需要处于其所建立的区间之中。本书运用了二维网格检索法估测了模型的原始值，c_1[0.04，0.35] 取值范畴是 [0.5，10]，依次由小至大等距取值三十个，形成了九百对组合，核算各组组合的残差平方和，将 SSR 最小的组合作为原始值，接着获得 c_1 对应的原始值是 0.3276，接着运用 Newton-raphson 迭代法获得模型估测值，进而明确不显著变量，调整模型架构，获得最佳模型，估测结果如下所示。

$$\begin{aligned} dtech_t =& -0.021 + 1.269 dtech_{t-1} - 1.0646 dofdi_t + 1.3626 dofdi_{t-1} \\ & + [0.318 dtech_{t-1} + 1.05 dofdi_t - 1.327 dofdi_{t-1}] \\ & \times \{1 + \exp[3.59(dofdi_t - 0.124)]\}^{-1} \end{aligned} \tag{6-6}$$

$R^2 = 0.8669 \qquad AIC = -1.4327 \qquad SC = 1.1283$

$P^{J-B} = 0.1536 \qquad P^{ARCH-LM} = 0.5024$

根据方程（6-6）主要检测变量值可知，Jarque-Bera 检测结果证实非线性模型造成残差非正态分布趋于消解，ARCH-LM 检测结论显示回归残差里不具备条件异方差。将原始值作为前提，运用网格点检索法获得了 STR 模型转换函数 *dofdi*，具体见图 6-3。

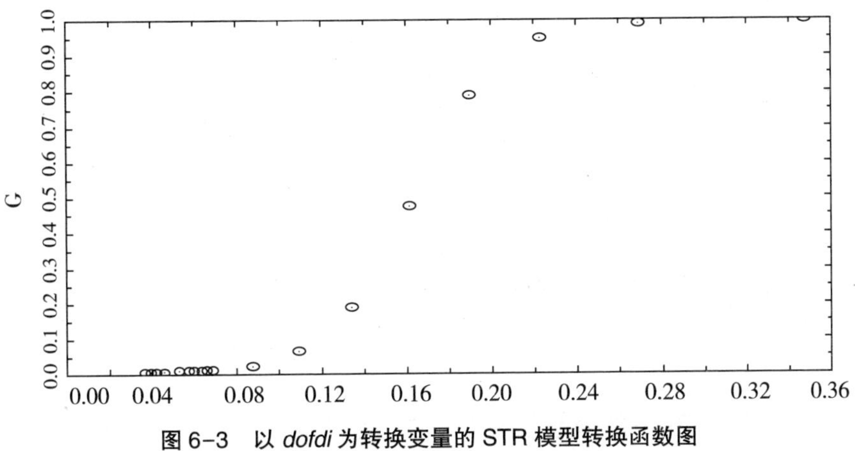

图 6-3 以 *dofdi* 为转换变量的 STR 模型转换函数图

6.3.2.3 实证结果分析

这一章节通过实证分析获得结果，国内民营企业对外直接投资对非体现式技术进步具有的影响非常明显，而且二者属于非线性关系，能够利用 LSTR1 模型加以阐释，总体来说，本书获得的分析结果如下所示。

其一，线性假定之下，国内民营企业对外直接投资和技术进步滞后一阶与滞后三阶仅仅具备 *dtech* 至 *dofdi* 单向格兰杰因果关系，而滞后二阶二者中间具备双向格兰杰因果关系。这一检验结果表明中国民营企业对外直接投资行为具备明显的逆向技术溢出效应，对国内技术进步与创新形成了积极影响。

其二，国内民营企业对外直接投资和技术进步具备非线性关系，而且两者之间的非线性关系由某种状态转变成其他状态速度相当快（γ = 3.59）。只有当中国民营企业对外直接投资的增长率超过 13.2%（exp（0.124）-1）时，对外直接投资的变动对于国内技术进步才可能转换成其他状态。这一结论证实了国内对外直接投资规模的扩大，区位选取的变动，进而促使国内技术明显提升，形成了技术溢出效应。

其三，国内民营企业对外直接投资对技术进步具备明显的推动效应，这满足现阶段中国技术水平明显提升的实际状况。对民营企业而言，可利用控股或合资等诸多形式获取西方国家所具备技术竞争优势的商品与机器设施，也可利用在境外发达国家成立技术开发中心，通过东道国的人才优势来开展技术研发，加快中国技术水平的提高。

6.4 民营企业对外直接投资的技术风险防范

6.4.1 对外直接投资中体现式技术风险的防范

上文通过实证研究分析了技术结构的差异对国内民营企业对外直接投资具有的影响，结论显示，体现式技术对直接投资行为具备正向效用，即技术由母国转移至东道国。当前中国民营企业对外直接投资的范畴明显增加，各个区域技术水平相差甚远。在这一情形之下，极易导致国内民营企业对外直接投资形成体现式技术和本国技术水平不相符的状况，使直接投资活动以失败而告终。另外，伴随国内体现式技术快速发展，之前可适用在东道国的技术却表现出了不适宜的状况，这需要国内民营企业在实施对外直接投资时，维持全面的适应性意识，确保体现式技术和国家生产水平相符合。对此本书试图运用适宜性技术理论深入分析地区投资效率存在的差别。

将技术适宜性理论运用到企业对外直接投资领域，和国与国技术适宜性非常类似。假设技术进步仅仅会提升固定资本与劳动力的生产效率，所以在各个地区具备明显的技术适宜性问题。地区投资体现式技术遵循的决策根据是边际投资效率。技术水平较高的国家或区域，高品质要素组合对技术提出了很高的要求，具体来说，体现于投资过程里包括的资本体现式技术进步拥有很高的产出率。但技术发展水平处在劣势的区域，生产要素组合需要的技术水平明显低得多，因此，可以将生产要素的配置优化条件定义成：

$$dGDP_1/dI_1(t_1) = dGDP_2/dI_2(t_2) \quad t_1 > t_2 \tag{6-7}$$

式中，GDP_1 与 I_1 代表了技术水平较高的区域产出效率和投资水平，GDP_2 与 I_2 代表着技术水平较低区域的产出效率和投资水平，技术水平较高的区域因为投资包括高效 t_1 技术，所以拥有极高的投资水平与产出效率，但技术水平较低的区域为低效技术 t_2 投资，所以对外部企业的吸引力较低产出，效益也不高，投资水平较低。但是假如各个地区的技术水平和资源禀赋相适应，那么必然可以确保各个地区的投资效率处在同等水平，使得总体投资效率得到改善。这一方面为民营企业带来了不同地区投资的技术分配标准，另一方面规避了因为运用同样技术进行投资所引发的不良影响，有利于消除地区之间产能过剩压力，规避产业同质化。在此必须注意，式（6-7）所设定的标准属于动态化过程，其并非代表着唯有经济发达区域才可以运用崭新的技术手段，发展滞后区域仅仅可以运用滞后技术手段，其反馈出了技术进步与创新在加快各个地区经济增长与社会发展方面具备的关键影响。某国领先技术手段可在技术水平较高的区域优先运用，但经济发展水平较低的区域通过对新型技术手段的消化、吸纳，能够使发展滞后区域教育条件、基础设施、资源使用率得到改进，从而加快技术革新，对投资人形成吸引力，真正提升经济效益与发展品质。

6.4.2 对外直接投资中非体现式技术风险的防范

(1) 建立完善的人事制度

首先，通过实施有效的人才引进制度，为高科技人才提供广阔的发展空间，提升高技术人才对企业的忠诚度，使国内民营企业开展对外直接投资活动拥有技术人才作为支持；其次，在员工培训方面加大投入力度，提高员工对先进技术的认知水平，从而提升员工有效利用和改进先进技术的能力；最后，制定激励性报酬制度，激发员工的学习、创新动力，从而形成全员学习、改进先进技术的良好氛围。中国民营企业通过建立完善的人事制度，有利于先进技术的运用、创新，从而达到降低对外直接投资的技术风险。

(2) 构建多元、开放式的学习制度

中国民营企业在实施技术获取型对外直接投资时，为充分利用东道国的先进技术并加以消化、吸收，就必须构建企业内外部结合的开放式学习制度，加快以逆向技术溢出效应为代表的非体现式技术进步在生产经营中的推广和应用。企业通过内部的沟通、交流、共享机制，可以加快吸收先进的生产技术和管理经验，而企业的外部沟通能够更及时地获取最新的生产技术。此外，多元化、开放式的学习制度，能够促进企业的自主创新能力和对先进技术的利用效率。中国民营企业通过开放式的学习机制，能够有效地利用非体现式技术进步的成果，减少对外直接投资的技术风险。

(3) 熟悉东道国的创新网络环境

中国民营企业在实施对外直接投资时，不但要熟悉东道国的社会文化、法律制度、市场规则等基本内容，而且还要熟悉东道国的企业文化、组织架构、管理体制、人事制度等方面，建立与东道国相似的企业组织框架，从而更快地融入东道国的市场中，为进一步获取资本和先进技术提供便利条件。

(4) 增强和东道国第三方中介单位与政府职能部门的协作力度

国内民营企业在进行对外直接投资过程中，一方面需要加强与东道国政府的沟通交流与合作，及时掌握东道国政府在政策制定、发展动向等方面的信息，从而更易于得到东道国政府的支持和充分利用其优惠政策；另一方面，要加强与东道国中介机构的合作，充分利用东道国的大学、科研机构优势直接获取先进的技术，同时与东道国金融机构加强合作，拓宽融资渠道，增强企业的经济实力和研发投入。

6.5 本章小结

本章首先将中国民营企业对外直接投资的技术构成分解为体现式技术进步和非体现式技术进步；其次，分别使用 DEA 数据包络模型中的 Malmquist 指数和基于内生增长模型的价格指数法测算非体现式技术进步和体现式技术进步，并通过两种技术进步类型对中国民营企业对外直接投资规模的实证分析，从而间接反映其所面临的技术风险；再次，基于非线性 STR 模型实证分析中国民营企业对外直接投资的非体现式技术进步，即逆向技术溢出效应；最后，根据两种技术进步类型的特点，以及对民营企业对外直接投资的影响分析间接反映其所面临的技术风险，并基于此提出中国民营企业对外直接投资技术风险的防范措施。

第七章　华为对外直接投资案例分析

7.1　华为的对外直接投资概况

7.1.1　华为简介

1987年，深圳华为技术有限公司成立，它是一个集生产、营销通信设施为一体的技术型企业，公司业务覆盖个人家用产品和企业用户产品。个人产品包括智能手机、笔记本电脑、穿戴设备、移动设备、智能家居等；企业产品包括交换机、路由器、服务器等硬件产品以及云数据、固定网络、移动网络等解决方案。目前已成为中国通信行业顶尖企业。

现阶段，华为设计的产品已覆盖至世界180多个国家，服务范畴扩大至世界30%的人口。依据华为企业对外公布的相关报告，近些年企业职员数目持续攀升。相关资料显示，华为集团的职员来源于世界157个国家，外籍职员数量高达4万人，截至2016年12月，该企业职员数目达到了19万，其中，开发人员数量在职员总数中超过一半比重。

7.1.2 华为发展历程

表 7-1 华为发展历程表

年份	大事件
1987	在深圳建立，最初是一个生产制造交换机（PBX）的香港企业营销代理
1990	自行开发面对酒店与中小型公司的 PBX 技术，用作商业用途
1992	着手开发推广乡村数字交换解决方案
1995	营业收入超过 16 亿，基本上来源国内乡村市场
1997	提出了无线 GSM 解决方案，1998 年，把市场扩大至国内诸多城市与地区
1999	在印度班加罗尔成立了开发基地，并且在 2001 年得到了 CMM4 级认证，在 2003 年得到了 CMM5 级认证
2000	在斯德哥尔摩成立了开发基地，境外市场营业收入达到了一亿美元
2001	把旗下分公司 Avansys 通过 7.5 亿美元卖给了艾默生，在美国成立四个开发基地，参与了全球电信联盟（ITU）
2002	境外市场营业收入达到了 5.53 亿美元
2003	和 3Com 企业建立协作关系，共同建立合资企业，专门研究企业数据网解决方案
2004	和西门子集团建立协作关系，共同建立合资企业，着手研究 TD-SCDMA 解决方案，得到了荷兰企业 Telfort2500 万美元合约，第一次在欧洲市场获得了巨大突破
2005	境外签署的合约数额超出了境内合约数额，和沃达丰签订了《国际框架协议》，成为该企业优先选择的通信设施供货方；成为英国电信优先选择的二十一世纪互联网供应商，为该企业提供网络接入（MSAN）与传递设施
2006	将旗下企业 49%股份通过 8.8 亿美元对外出让；和摩托罗拉共同在上海建立了合作开发中心，共同研发 UMTS 技术；设计了崭新的公司标志，彰显出了企业立足顾客、稳步发展的经营宗旨

续表

年份	大事件
2007	和赛门铁克集团建立协作关系，共同建立合资企业，研发存储类产品；和 Global Marine 企业共同建立合资企业，提供互联网解决方案；2007 年 12 月变成了欧洲全部一流运营商的重要战略合作者；沃达丰为其颁发了“2007 年度最佳表现奖”，华为是该年度唯一得到本奖的网络运营商；提出依附 IP 网的移动固定融合（FMC）发展策略。协助电信运营商节约运营成本，降低资源损耗，商业周刊将其誉为“国际十个最具影响力的企业之一”；依据 Informa 发布的咨询报告，该企业在移动设施市场名次位居国际第三；第一次在北美市场大范围地运用 UMTS/HSPA 网络，帮助加拿大运营商 Telus 与 Bell 研发出了新型无线网络；其所设计的移动宽带产品在国际订单量超出 2000 万；依据 ABI 发布的数据，华为集团市场占有率稳居国际首位；2007 年呈交的 PCT 发明专利达到了 1738 个，根据国际知识产权组织发布的相关数据，该企业在全球发明专利排行榜名列首位，所研发的 LTE 专利数量在国际占据比重超过 10%
2009	无线接入市场占有率稳居国际第二；开发了国际第一个 LTE/EPC 商用网，签署的 LTE 商用合约排名国际第一位；最先开发了由路由器转化至传输体系的 100G 解决方案；得到了 IEEE 组织授予的 2009 年优秀企业贡献奖；得到了《金融时报》授予的“业务新锐奖”，参选美国 Fast Company 杂志评比最佳创新企业并排名前五；大多数商品均达到了资源损耗下降 20%的目标，在国际各国设计了 4000 余个新能源供电站
2010	在国际搭建了 90 余个 Single RAN 商用网，在此之中，29 个已经对外公布 LTE/EPC 业务；在英国建立了安全认证中心；和中国工信部签订节约能源自愿协约；参与联合国世界宽带委员会；得到了美国《经济学人》授予的年度企业创新大奖
2011	设计了 GigaSite 解决方案；建造了 20 个云计算数据基地；设计的智能手机营销规模超过二千万部；用 5.4 亿美元并购了华赛集团；建立了“2012 实验室”；设计了 HUAWEI Smart Care 解决方案
2012	加快国际本土化运营步伐，增加了在欧洲市场的投资力度，特别是增加了对英国的资金注入，在芬兰建立了开发基地，在法国建立了董事会，在英国建立了咨询委员会；对 3GPPLTE 标准贡献 20%的提案；公布了业内第一个 400GDWDM 传输体系；基于 IP 网研发了行业容量最为庞大的 480G 线路板；与国际 34 个国家顾客建立了云计算协作，开发了 7 万人国际最大桌面云；研发的 AscendP1、荣耀等产品在西方国家备受青睐

续表

年份	大事件
2013	在伦敦建立了国际财务防控中心，用于监督企业在国际市场中面临的运作风险；在匈牙利建立了欧洲物流中心，覆盖范畴包含欧洲、非洲等诸多国家；参与了欧盟成员国的5G项目，共同建立了英国创新5G中心，发表了5G白皮书，倡导建立5G国际生态圈，和国际30余个高校搭建了产学研平台。设计的400G路由器商用方案获得了48个顾客的肯定，得到了广泛应用。另外，企业最先设计了路由线卡与40T容量的波分样机。积极开发国际商用网，产品被国际200余个城市广泛运用，涉及了9个金融中心；研发了世界第一个将顾客体验作为核心的敏捷网络结构与国际第一个敏捷交换机S12700；达到了云计算、物联网、大数据的需要；智能手机业务步入崭新的发展阶段，跻身世界前三；手机品牌影响力深远，知名度遥遥领先，规模和2012年对比，增加了110%
2014	在世界9个国家成立了5G创新研发基地。 承接了世界187个400G路由器商用网。 为世界各国顾客建造了480个数据平台，包含160个云数据中心。 国际开发中心总量为16个，合作创新基地达到了28个。 参与了178个标准经济组织，在此之中，承担着184个关键职务。 智能手机订单量超出8000万台
2015	依据全球知识产权组织对外发布的相关数据，2015年全年公司专利排行榜上，华为企业凭借着3897个发明专利排名全球首位。 企业LTE已覆盖至150余个核心城市，搭建了450余个LTE商用网与190余个EPC商用网。 企业和欧洲的一些运营商合作搭建了世界第一张1T OTN网络，和英国电信运营商成功测验行业最高速度3Tbps光传送线网。 开发了国际第一个依附于SDN结构的敏捷物联解决方案。 研发了世界第一款32路x86开放结构昆仑服务器。 智能手机订单量超出上亿台，在世界智能手机市场排名位居前三，在中国市场中排名处于第一位

续表

年份	大事件
2016	华为智慧城市解决方案已应用于全球 40 多个国家的 100 多个城市，编制了 9 个智慧城市项目标准，所设计的平安城市解决方案为 90 余个国家、200 余个城市提供了优质服务，覆盖 8 亿多人口。 在金融领域，企业设计了全渠道银行解决方案，为世界三百余个金融单位提供了服务，包含国际排名前十的银行里的六个；在能源方面，其设计的全联接电网解决方案被运用到世界 66 个国家，为 180 余个电力顾客提供服务；在交通方面，和行业 70 余个合作方建立了协作关系，提供数字城轨、智慧机场等诸多解决方案，为世界超出 23 万公里的高速与铁路、超过 16 个客流量达到 4000 万的机场提供了服务。 年度智能手机订单量超过了 1.4 亿台，和 2015 年对比增加 30%，持续五年平稳增加；国际市场占有率增长到 11.8%，稳居国际前三

7.1.3 华为对外直接投资进程及经验总结

1996 年，华为在细耕国内市场的同时，又明确提出了其国际化的战略部署，按照华为走向海外市场的经历来进行划分，可将华为参与国际市场的历程划分成三个阶段。

第一，萌芽时期（1988—2000）。1988 年直到 1996 年，华为企业将所有重心放置于境内市场开辟上，此时国内通信市场开放时间不长，国外 7 个国家的程控交换机技术纷纷进入中国，包括了日本、美国、德国、加拿大、法国和比利时等，这些技术特点各不相同，仅制式就有 8 种之多。当时许多境外跨国企业所研发的产品广泛分布于城市里，竞争日益加剧，然而并未涉及乡村市场。华为紧握发展机会，采用了农村包围城市的战略，由农村地区入手，通过提供性价比极高、价格低廉、品质优良的产品，得到了顾客的信赖，在乡村市场占据了极大的份额，从而辐射到城市市场，获得了巨大的运营绩效，提升了城市市场占有率。1997 年，华为集团在境内市场平稳的情形之下，实施了“走出去”的发展策略，积极参与国际市场。最早在进行投资时面临诸多阻力，境内低价战

略在全球市场适用性较差，西方国家的顾客最为重视的是商品品质，在不清楚品质的情形之下，产品价格确定面临巨大的障碍，因此华为依据此时发展现状，明确了投资的方向，由经济欠发达国家入手再辐射至发达国家，以期能够获得巨大的成功。最后选取了俄罗斯与巴西这两个地区作为突破口，开发境外市场。

华为征战俄罗斯市场时，因为私有化导致俄罗斯经济陷入下行期，经济制度产生了巨大的变动，市场经济萎靡不振，俄罗斯政治局势并不平稳，正着手开展总统选举。国内政局和经济状况的不稳定导致了许多国际电信企业不敢进行大规模的投资，纷纷退出俄罗斯市场进行观望，而华为作为年轻的电信公司，敢于承担风险，成为市场中敢于开辟业务的厂商。在此时期，华为和俄罗斯公司共同入资建立了贝托—华为企业，依附于本地企业具有的资源禀赋，利用稳定和本地运营商的关系，获得了很多管理人员的信赖，累积了规模庞大的顾客群体。积极的市场拓展给华为带来了巨大的利益回报，伴随俄罗斯经济发展局势的回升，华为企业产品营销得到了超额收益。自 2000 年开始，华为企业每一年度营业收入增长幅度达到了 100%，2001 年营业收入超出 1 亿美元，2003 年增长至 3 亿美元，2004 年的 4 亿美元，2005 年的 6.14 亿美元，成为在以俄罗斯为首的独联体国家全球大型电信设施供给商，业务范畴扩大至独联体里的全部成员国。

第二，成长与发展期（2001—2005）。自 2000 年开始，伴随网络行业发展陷入低迷，使得国际 IT 行业发展速度迅速下滑，很多公司以破产而告终。电信行业遭受了巨大的威胁，在这一时期，华为企业并没有畏缩不前，而是树立信心，勇往直前，加快了对外直接投资步伐。在总结了发展中国家业务开发获得的经验与教训之后，华为企业把目光聚焦于发达国家市场，做足充分准备，企业由全球范畴内广泛聘请高端优秀人才，仅 2000 年全年招聘的新职员超出了 1 万名，这使得企业的培训部面临巨大的人才培训压力。该企业在对职员进行培训时，不但非常关注职员能力，而且非常关注不同文化之间的结合。在 9·11 事件发生之后，华为并没有对外籍职员产生偏见，这使得大多数外籍职员变成了华为集团开辟全球市场的有力支撑。

荷兰掀起了华为企业开启欧洲市场的帷幕，市场开发过程非常艰苦，这是由于荷兰非常关注环境保护，因此，建设基地所形成的额外成本超出了电信设施成本。在这种情况下，华为作为市场的新进入者必须满足市场的要求。华为和顾客共同成立了合作开发中心，依据当地市场需要开发了资源节约型、环境保护型基站，对电信设施体积做出了优化，达到了可分离，如此一来，能够直接安装到机柜里，顾客可使用其原来的基站，这为顾客节省了很多的成本，获得了顾客的赏识和认可。另外，华为将获得的成功经验在相似的发达国家进行宣传和普及，获得了明显的成效，快速扩大了市场占有率。

对市场经济发展非常平稳的英国而言，参与本国市场面临巨大难度，这是由于英国构建的市场经济制度非常完善，并且设置了极高的行业参与门槛，对品牌做出的要求非常严苛。在这种情形之下，华为很长时间以来形成的市场适应能力起到了积极影响，很快便通过英国顶尖运营商的电信认证，变成了英国电信的供应商，之后变成其高级战略合作者，后期也共同参与了英国电信关于国家光纤网换代升级的项目。项目实施过程也使得华为在英国得到了技术实力、品牌实力和服务实力的三重考验，成功与发达国家的市场进行了接轨。在此之后华为公司再接再厉，通过沃达丰所设置的技术认证，共同参与该企业在奥地利、罗马尼亚等诸多国家所开设的项目。利用在英国市场所获得的经验和品牌认可，华为不断地通过高标准高质量按时履行了以上国家的网络建设合同，并因其所完成合同的质量程度，获得了沃达丰“国际最优供应商”的殊荣。

第三，提高阶段（2005—2016）。在此时期，华为企业直接对外投资能力明显加强，打破了美国等西方发达国家设置的贸易壁垒，参与了日、德等多个国家的市场。2005 年之后，该企业境外市场占有率首次超出境内市场占有率，2008 年在境外市场占据的份额高达 75%。通过归纳成功经验，华为企业意识到了技术与人才的重要性，在企业人才管理上，不

断利用全球化的技术和管理人才，在全球范围内进行企业的人力资源配置，打破国家、地域的限制，形成适应多文化融合的企业文化体系。同时，在组织结构方面也进行适应国际化的调整变革，企业原有的办公等功能平台上也在升级改造，不断向全球化平台进行转换，如，所有重要会议的语言均要求优先用英语，这样减少了进行翻译的时间和成本，大大提高了效率。在技术上十分关注对技术开发的资金扶持，依附于企业彼此的协作关系，和全球大型企业展开了竞争，积极参加诸多全球电信标准协会举行的活动，通过不断适应，努力创新，华为在掌握了国际通行标准的前提下，对技术做了优化和创新，并获得了明显的成效。2009年初，华为企业中标美国 COX 企业所设计的 CDMA 移动网解决方案，这意味着华为集团真正打入了国际电信行业的主要阵地。

总体而言，华为采用的对外直接投资战略是从低端国际化转移至高端国际化。从发展中国家形成自身技术水平，在发达国家提高自己技术水平并迈进高端国际市场，不断形成自身技术、品牌等方面的核心竞争能力。

7.2 华为对外直接投资动机分析

通过对华为企业收入构成的分析，可以发现境外投资收益对企业发展非常关键。尤其是 2006 年以来，其境外市场投资收益明显超出了境内市场投资收益，2010 年以后，境外投资回报在其总收入中的占比稳定在 60%以上，使得海外投资回报成为其收入的主要来源。从收入增速来看，2008 年之前华为海外市场收入一直保持快速增加，2008 年以后，境外市场营业收入增长速度和境内市场维持统一。由华为企业境外投资过程可知，投资之初市场收入增加速度较快，这是由于将投资重心放置于经济欠发达国家的基础建设上。在该时期度过之后，华为企业收入获取途径转变成提供互联网服务与互联网终端业务，在此时期，收入增加速度呈现平稳的趋势。在各个发展阶段，华为企业对外直接投资的动机有所差别，后续本书将对各个发展阶段的投资动机进行深入细致分析。

7.2.1 市场驱动阶段

1996年之后，在境内市场占据巨大份额的华为企业将发展重心放置于开辟境外市场，在此时期，华为集团将投资方向放置于巴西、俄罗斯等一些经济欠发达国家，投资动机是市场寻求，原因包含三点：其一，由行业发展视角来说，在此时期，中国电信行业呈现高速发展趋势，这是由于国内经济增速逐渐提升，基础设施建设获得明显成效，然而总体来说，电信行业在国际市场中依旧处在中等发展水平。伴随境内市场增长速度的放缓，行业发展具有的弊端逐步凸显出来，导致在此时期高速发展的民营电信企业，比方说华为企业、中兴企业等，均将发展重心放置于开辟国际市场上。此时和中国发展道路相似的诸多发展中国家变成了企业开辟国际市场的主要目标；其二，由技术视角而言，在此时期，华为企业主要技术来源为引入境外领先技术手段。尽管通过华为企业的吸纳与改造，外来技术得到了应用，然而和西方领先水平对比，依旧相差甚远。再加上境外跨国电信企业设置了很高的技术壁垒，使得国内技术水平难以和境外企业相抗衡，因此为得到对比优势，将投资重点放置于发展中国家实属无奈；其三，由市场视角而言，中国同样是发展中国家，因此和发达国家对比，中国等发展中国家市场发展条件非常类似，华为企业将投资重点放置于发展中国家，获得成功的概率要高得多。

7.2.2 技术驱动阶段

2001年，华为聚焦投资欧洲市场，这意味着华为企业对外直接投资的动机转变成技术寻求型，吸纳和引入西方国家领先技术手段。快速发

展的华为企业十分明白技术对企业发展具有的关键作用，因此由建设初期就将提升技术创新和技术自主研发能力作为企业的长期战略。通过华为的发展历程可以看出，技术领先是华为不断在全球扩张、发展的重要因素。为保持其技术的行业领先地位，华为一直在技术研发上投入巨额资金。比方说 2011 年直至 2013 年，华为企业每一年度开发投入在营销收入中占据比重均超过 10%，2014 年开发投入出现高峰，高达 405 亿元，和 2013 年对比增加了 29%，超出了 2014 年主要业务收益。华为在科技研发上增强了投资力度，这是由于两点原因：其一，发达国家的消费主体在应用华为生产的产品与提供的服务时，不管是个体消费者或运营商，他们反映的应用信息有助于华为对技术手段进行改进和革新，在行业中保持较高的技术水平；其二，华为通过和发达国家的科技研究单位与行业企业，比方说微软、惠普等建立协作关系，合作开发技术，能够提升科技研发效率。截至 2010 年，华为集团在美国成立了 9 个开发基地，这些开发基地是华为国际开发策略必不可少的构成部分。在此时期，假如华为可以并购更多的技术领先企业，增强投资力度，快速收集信息，和其他企业联合开发，必然可以加快技术转化为产品服务。

7.3 华为区位风险分析

通过对华为对外直接投资的动态变化过程分析，可以看出其对外直接投资的区位变化过程。基于这种区位变化的过程，本节将从国家发展水平存在的差别入手，深入分析华为在各个国家面对的区位风险。

7.3.1 发展中国家的区位风险及应对措施

这一章节由政治风险与机制风险两大视角入手加以分析。

（1）政治风险

华为企业运用了循序渐进的方式来选取区位要素。首先选取了经济欠发达国家作为投资对象。发展中国家面临的政治风险非常高，冷战期度过之后，全球政治局势出现了巨大变动，两个阵营对立的局势不复存在，政治局势朝着多边化的态势发展。原本被遮掩于意识形态抗争之中的各类社会矛盾和冲突层出不穷，比方说宗教要素、政治要素等逐渐变成了国家政治斗争的根源。华为企业在参与俄罗斯市场时，恰巧面临该国独立之后的第一次总统大选，参选两方一方是叶利钦等人倡导的当权民主派，另外一方阵营是久加诺夫倡导的左翼反动派。俄罗斯的大选和美国驴象斗争是有所差别的，这两个不同的政治力量由国家属性、发展路径、政策方向与权力架构等诸多层面入手，对国家政治问题做了斗争。大选获得的结果关乎俄罗斯政治局势平稳问题，因此在此阶段，很多跨国企业选取了规避战略，拒绝参与俄罗斯市场，但华为集团选取了适应的战略，自觉适应俄罗斯政治局势变动，基于负担可控风险的前提下，利用行之有效的方式来规避和降低风险，采用的方式具体包含：一是参与东道国债权股本；二是树立产品本土化目标；三是积极为东道国提供力所能及的帮助；四是本着诚恳的态度和本地供货商建立协作关系；五是为规避政治风险参保。根据华为获得的成功经验可以知道，该企业本着诚信的态度和本地供货商形成了密切的协作关系，这是其走向成功的保障。

（2）机制风险

发展中国家存在的制度风险对华为企业而言，造成的不良影响明显比政治风险低得多，这是由于发展中国家市场处在发展之初，市场经济机制不够健全和成熟，这和中国发展之初面临的市场经济状况存在巨大的相同点，华为在国内市场获得的诸多成功经验可以适用于投资经济欠发达国家。

7.3.2 发达国家的区位风险及应对措施

（1）政治风险

对发达国家而言，政治风险仍旧是国家风险必不可少的一项内容。通常而言，经济发展程度较高的国家，其政治制度非常完善，政治局势平稳，构建的选举制度运用时间较长，不可能会导致政治局势出现波动。然而这几年，中国经济获得了跨越式发展，使得很多发达国家对中国出现了敌视的态度，这使得国内企业对外投资面临巨大的政治风险。比方说 2012 年 11 月，美国众议院对外发布了一则通告，打着威胁美国国防安全与利益的旗号，针对华为企业开展的投资活动做了调研。尽管调研过程中没有证据可以证实企业从事的投资活动属于间谍性质，威胁到了美国经济安全与国家利益，然而美国依旧拒绝华为企业对本国进行直接投资，更有甚者，胁迫企业在 2013 年 5 月对外宣告正式从美国市场撤出。英国政府在此时期也对外公布，政府当局会对华为企业在本国的互联网安全评价中心予以审核，这一组织是华为企业为打消英国政府的担忧在 2010 年建立的，和英国通信情报局维持着亲密的协作关系，成立该组织能够协助华为企业更好地开辟英国市场，因此，华为企业尝试着把这种方式普及到其他西方国家。导致问题出现的原因是中国和美国法律环境、政治制度、经济背景、文化习俗具有明显的差别。面临这一情形，华为企业并未在政治力量的阻挠之下从美国市场撤出，而是采取了迎难而上的态度，根据国际规则来约束企业行为，消除了上述风险。

（2）机制风险

由于西方发达国家和中国经济制度相差悬殊，很长时间以来，尽管中国对市场经济制度做出了变革，然而很多机制仍旧不够完善，这导致制度优势颇为明显的国内民营企业在境外国家频繁面临机制风险。比方说 2003 年，华为企业试图参与美国市场，而美国构建了严苛的知识产权保障系统，法律系统非常严格，面临重重阻碍。美国电信行业的知名企业思科集团尝试着通过知识产权的诉讼把华为企业从美国市场撵走。针对上述情形，华为采用的方式是研习美国相关法律条文，自觉适应东道国的经济机制，增强了和东道国诸多企业之间的协作力度，利用并购、参股等形式和东道国企业建立了合资企业，消除了这种风险。

7.4 华为行业风险分析

华为企业所开发的产品大部分是资金密集型与技术密集型产品，和中国对外出口的消费品区别非常明显。华为企业构建的产业链条非常重视技术要素。通常来说，发达国家处在国际通信产业链条的最顶端，企业非常关注商品的开发与塑造良好的品牌形象；经济欠发达国家处在国际产业链条的中端，通过很长时间的技术变革，逐渐变成了通信设施主要零部件的生产中心。在发展中国家中，劳动力资源充足，拥有资源禀赋的国家处在产业价值链低端，承担着普通零部件的生产、研发与制造工作。产品在价值链上所处的位置较高时，其价值含量便越大，对技术与资金提出的要求更高。纵观华为发展历程，同样历经了上述三个阶段的变动，接着笔者对此做深入的分析。

7.4.1 低端产业层次的风险分析

华为企业建立之初，处在低端产业层级。在此阶段，通信行业对技术与资金需求量较低，其获得的收益基本上依附于成本较低的劳动力。通过劳动力密集型产业，使其获得了巨大的经济效益。但伴随中国经济的平稳持续发展，劳动力成本明显提升，明显弱化了劳动力资源优势，导致其或者对产品做出改造和革新，或者到外部市场进行投资，寻求一些具备劳动力优势的国家来开展生产活动。根据华为的发展历程可了解

到，其采用了对产品进行革新的方式。

7.4.2 中端产业层次的风险分析

伴随经济全球化趋势的来临，国际分工趋于细化，这为华为企业提供了很多的机遇来参与国际分工，逐渐由传统依附于劳动力的低端生产水平提升到拥有核心技术的主要工序生产方。尽管依旧扮演着生产者的角色，然而技术与资金要求明显提升，需要其具有对领先技术手段的吸纳与革新能力，并且在运营过程中构建完善的供应链系统，培养一大批科技研究与管理专业人才，对企业的资金背景提出了严苛的要求。在此时期，伴随华为企业的迅速发展，应当在原料、资金、技术人员等诸多方面协同提高，规避短板效应，防范和应对风险。华为企业在人员管理上做出了有益的尝试，非常关注人才培育与引入，一方面重视对员工专业技能进行培育，另一方面非常关注跨地区、跨国家的文化结合。在此时期，华为采用的人才培养策略颇具成效，这为其将来提高产业地位提供了保障。

7.4.3 高端产业层次的风险分析

华为进入到中端层级之后，运用追随型策略学习一流企业的技术手段、管理模式，而步入高端层次之后，对企业提出了更高的要求。首先在技术上，要求企业增强自主创新和研发力度，重视人才培育，打破机制障碍，提高管理能力，加强企业文化建设。华为企业运用了自主开发和境外引入密切结合的方式，迅速地建立了核心技术战略资产；其次在管理上必须突破原来国与国、地区和地区之间的界限，使企业资源在国际范畴内得到合理分配。华为企业为实现上述目标做出了有益的尝试，2005 年，其认识到了供应链管理具有的重要性，引入了 IBM 管理模式，构建了独树一帜的集成供应链体系 ISC，这使华为企业将来运营成功拥有了坚实的基础。2010年之后，该企业试图采用国际化人才管理模式，不被国内资源所限制，力争把企业拥有的核心人力资源在国际范畴内合理分配，选取最佳人才来负责企业管理。2013年，华为企业在伦敦建立了财务风险管控中心，承担着企业在国际市场中的财务运作、风险防范和管控。由来自市场、运作和管理、流通资金、国家与竞争者等五方面风险入手，进行了风险评价和预警。另外打造了专业的管理队伍，承担着协调企业和伦敦国际银行等金融机构的密切协作关系。

7.5 华为技术风险分析

7.5.1 体现式技术的风险及应对措施

根据第六章的研究结果得知，体现式技术风险表现于对东道国实施直接投资过程中的适宜性风险。华为企业对境外国家投资的切入点为亚、非等发展中国家，这与此时期企业技术水平是明显相符的。发展中国家移动电话普及率非常低，市场准入门槛不高，华为拥有的核心技术在很多发展中国家市场具备明显的对比优势，然而事实上，这些对比优势很容易被取代。面对这一情形，华为采用了模仿和改进相结合的模式，在这些地区维持着良好的技术优势，即运用自觉追随的方式，首先吸纳和模仿西方国家领先的机器设备，接着依据东道国发展现状做出改进，增设完善的功能，确保商品个性化与差别化，华为参与荷兰市场的案例彰显出了这点。

7.5.2 非体现式技术的风险及应对措施

只是利用模仿很难使华为在国际电信行业拥有容身之地。因此，唯

有利用非体现式技术创新才可以实现上述目标。华为企业可以在参与国际化竞争时维持着源源不断的发展动力，这是由于很长时间以来，该企业非常关注对技术研发的支持，比方说电信行业发展持续低迷的 2002 年，该企业仍旧维持着对技术开发的大量投入，扶持资金在销售收入中占据比重达到了 18%，该比重超越了诺基亚和思科等一些大型企业。2009 年，国际金融危机席卷全球，华为企业对技术开发投入的经费仍旧维持于 134 亿元，和 2008 年对比增加了 27.5%。由于华为企业非常关注技术开发与投入，使企业在非体现式技术吸纳、改良与革新上获得了巨大的成功。截至目前，该企业在国际成立了 17 个科研所，广泛分布于美国硅谷、俄罗斯莫斯科、瑞典地区以及中国北上广、西安、武汉、深圳等诸多地区，利用跨地区团队协作，稳步推进国际异步开发策略。在此过程中，华为和规模庞大的电信运营商建立了 20 余个合作创新基地，把先进的技术转变成顾客竞争优势。另外运用了专利权保障法，维护企业的技术创新成果，加强了核心优势。依据联合国知识产权组织发布的相关数据，2009 年华为提交的专利申请总量高达 1848 项，在全球位居第二。2014 年该企业申请专利数达到了 3443 个，超过了日本松下企业，变成了全球的位居首位的专利申请企业。

7.6　本章小结

本章以华为的发展历程和对外直接投资的进程作为案例，通过对华为的对外直接投资实际运作过程的剖析，分析其对外直接投资的动机、区位风险、行业风险和技术风险。第一，华为早期对外直接投资的动机主要是以开拓海外发展中国家市场为主，2001 年开始逐渐向寻求技术型对外直接投资转变；第二，分别从发展中国家和发达国家的角度具体分析华为对外直接投资所面临的国家风险和政治风险以及应对措施；第三，从高、中、低三个产业层次，分析华为对外直接投资所面临的行业风险；第四，分析华为对外直接投资所面临的体现式技术风险和非体现式技术进步风险以及应对措施。

第八章　主要结论及政策建议

8.1　主要结论

8.1.1　民营企业对外直接投资风险的识别

既有文献直接研究民营企业对外投资风险的并不多见，其可能的原因在于研究直接投资风险中可列举的风险因素角度多样，数量庞杂，而且很难通过逻辑线路进行归类分析，通常做法为做“加法”，在前人研究基础上新增可能的风险因素加以分析，这种做法虽然看起来面面俱到，却忽略了风险因素之间的相互联系和相互制约的逻辑关系，所以本书不同于传统风险识别的方法，尝试采用动因—行为—风险的逻辑线路进行风险识别工作。

首先，本书在大量研读相关文献的基础上，结合实际数据，从对外直接投资的行业、模式、区位、规模等诸多层面入手，详细分析了国有企业和民营企业对外直接投资的现状，明确了国有企业和民营企业对外投资活动存在的异质性，即民营企业相对应于国有企业具有产权优势和效率优势，进而分析得到基于经济人假设的效率追逐成为民营企业对外投资的关键动因。

其次，在效率动因的驱动下，民营企业的对外直接投资活动的行为途径就可归结为市场寻求和技术寻求活动，即通过利用新的技术来提升企业的生产效率或通过市场的扩大来寻求资源配置的效率，进而达到企业进一步发展和效率提升的目的。

最后，作为国际市场的参与者，民营企业在国际市场中的市场寻求和技术寻求活动势必伴随着相应的风险，这些风险因素将直接影响对外直接投资活动的效果，所以有效的识别、归纳将成为民营企业对外直接投资的首要任务。

基于此，本书对经典 HMC-FMEC 模型进行修订，将行业进入壁垒、生产效率的跨期提高、出口与对外直接投资两项经济活动的同时进行等因素引入经典 HMC-FMEC 模型前提假设，从而由民营企业视角入手指出基于异质性投资效率所形成的区位、行业、技术风险对对外直接投资产生的影响及影响机理，并且根据三大风险要素存在的关系，明确了民营企业在开展对外直接投资时，将效率作为前提，将技术作为支撑，将产业作为媒介，将区位作为重点的对外直接投资的企业战略模式。

8.1.2 民营企业对外直接投资风险的解构

(1) 区位风险

本书首先对中国民营企业对外直接投资的现状、区域分布特征、对外直接投资动机进行分析；其次将东道国政治风险、经济类型、是否加入同一区域经济合作组织等因素纳入经典引力模型中，并进行实证研究，归纳了对国内民营企业对外直接投资具有影响的区位风险要素，主要包括以下三个结论：第一，东道国机制风险以及政治风险和中国对外直接投资流量表现出明显的负相关联系，然而依据回归系数可知，机制风险和政治风险对比，具有的影响明显大得多；第二，由国家类别可知，国内公司更热衷于对西方发达国家进行投资；第三，一起参与同个地区经济合作组织的东道国，对中国公司投资具备极大的吸引力。根据实证研

究结果，进一步提出了国内民营企业评估、规避对外直接投资区位风险的举措。

（2）行业风险

本书首先运用统计数据对中国民营企业对外直接投资的行业分布特点进行分析；其次，基于企业内生边界理论进行理论模型推导，得出行业资本密度是影响企业对外直接投资最主要的影响要素，基于此，实证研究了国内民营企业直接对外投资行业选取问题，并指出民营企业应尽快转变对外直接投资的行业选择策略，加速其由劳动密集型产业向资本密集型、技术密集型产业的转变，从而推动中国产业结构的优化升级；最后，基于波特的五力模型，从供货商讨价还价能力、买方讨价还价能力、现存竞争对手的竞争实力、替代品的威胁和潜在竞争者的进入威胁等五个方面指出民营企业在进行对外直接投资时识别行业风险的具体方法，并且根据波特五力模型的分析结果，从资源获取、行业竞争和市场效率入手，针对国内民营企业对外直接投资面临的行业风险，提出了行之有效的防御和应对举措。

（3）技术风险

本书首先将中国民营企业对外直接投资的技术构成分解为体现式技术进步和非体现式技术进步；其次，分别使用 DEA 数据包络模型中的 Malmquist 指数和基于内生增长模型的价格指数法测算非体现式技术进步和体现式技术进步，并从技术风险的角度对两种技术进步类型对中国民营企业对外直接投资规模的影响进行实证分析，具体来说：当期体现式技术进步对中国民营企业对外直接投资的影响系数较大，非体现式技术进步对中国民营企业对外直接投资规模的影响存在显著滞后影响，并且滞后二期的影响系数比滞后一期的大，说明非体现式技术进步对中国民营企业对外直接投资具有时滞性；再次，基于非线性 STR 模型实证分析中国民营企业对外直接投资的非体现式技术进步，即逆向技术溢出效应；最后，根据两种技术进步类型的特点，分别从完善人事制度、构建多元化的学习机制、熟悉东道国创新环境、与东道国职能部门协同合作等四个方面提出中国民营企业对外直接投资技术风险的防范措施。

基于逆向技术溢出效应的视角，本书运用 LSTR1 模型剖析了非体现式技术进步风险对民营企业对外直接投资的影响。结论显示：第一，在线性假定条件之下，国内民营企业对外直接投资活动和技术进步在滞后一阶仅具备单向格兰杰因果关系，在滞后二阶具备双向因果关系，这意味着国内民营企业对外直接投资活动具备明显的逆向技术扩散效应，对国内技术革新和发展具有推动效应，并且会形成彼此推进的作用。第二，在非线性假设下，中国民营企业对外直接投资存量与技术进步之间的非线性关系可以用 Logistic 型转换函数刻画，且只有当中国民营企业对外直接投资增速超过 13.2%时，对外直接投资的逆向技术溢出效应才会增强，并且加快中国国内技术进步的提升。

8.1.3 民营企业对外直接投资风险的防范

(1) 区位风险防范

一是借助投保转嫁区位风险。由于中国民营企业进行海外投资的时间尚短，在评估和预判对外直接投资区位风险时经验不足，需要付出的信息成本较多，会增加其面临区位风险亏损的可能性，使得投资成本不断上涨，所以中国民营企业在开展对外直接投资活动时，可以通过中国出口信用保险公司、中国进出口银行等专业机构进行投保，以较小的成本转嫁区位风险会引发的亏损，进而实现管控和制约区位风险的目标。

二是实施相对多元化、本土化经营战略规避区位风险。从管理学的角度讲，企业实施多元化战略的目的是规避单一投资主体所面临的单一市场的巨大风险。因此，中国民营企业在实施对外直接投资战略时，应积极推进相对多元化经营战略以有效规避区位风险。多元化经营主要包括投资主体多元化、融资渠道多元化、投资领域多元化等三个方面。本土化经营战略是企业在东道国进行生产经营活动时，为迅速地适应东道国的政治环境、社会文化、风俗习惯，淡化企业的母国色彩，在资金、

人员、技术开发等方面实施当地化，主动承担东道国公民的义务和责任的经营策略。

三是加强外部沟通，提高自我保护能力。当中国民营企业实施对外直接投资遇到东道国政治、制度、文化等区位风险时，应当适时采取措施，提高自我保护的能力。第一，企业采取协商、让步的策略。当东道国为保护本国企业而采取税后、销售等限制性措施时，在当地实施对外直接投资的民营企业可以借助中国在东道国的政府机构、商会组织等，积极与东道国政府沟通、协商，利用促进当地就业、增加当地税收等有利条件，与东道国讨价还价，实现双方共赢。第二，企业充分利用法律途径索取赔偿。当对外直接投资遭受政治、法律、文化等因素引起的区位风险时，中国民营企业可以在协商失败后借助法律手段维护自身的权益。尽管东道国的法律体系不利于维护中国民营企业的权益，但借助东道国法律不易引发民族主义情绪和冲突。当东道国的法律无法实现索赔时，中国民营企业可以借助国际仲裁机构寻求帮助。

(2) 行业风险防范

一是资源获取风险的防范。中国民营企业利用对外直接投资的形式在东道国开展生产运营活动，获得与运用核心资源过程中会面临诸多行业风险，核心资源具体包含原料、人力资源与财务。

二是行业竞争风险的防范。行业竞争和市场结构具有密不可分的联系，由于国内民营企业在进行投资时热衷于投资资本密集型行业，并且大部分行业处在垄断竞争地位，国际市场里的企业因为具备垄断优势，因此占据了巨大的市场份额，但国内民营企业进行对外直接投资时，会被东道国企业视作重要竞争对手，因此，面临的行业竞争风险较大。为有效防范行业竞争风险，中国实施对外直接投资的民营企业需要从商品本土化、商品品质、专利优势三个方面加以防范。

三是市场效率风险的防范。中国民营企业在进行对外直接投资时，所面临的市场效率风险主要来自行业选择和企业跨文化管理两个方面。因此，为有效防范市场效率风险，中国实施对外直接投资的民营企业可以从合理选取行业、加强跨文化管理两个方面入手。

(3) 技术风险防范

一是建立完善的人事制度。首先，通过实施有效的人才引进制度，为高科技人才提供广阔的发展空间，提升高技术人才对企业的忠实度，使国内民营企业开展对外直接投资活动拥有技术人才作为支持；其次，在员工培训方面加大投入力度，提高员工对先进技术的认知水平，从而提升员工有效利用和改进先进技术的能力；最后，制定激励性报酬制度，激发员工的学习、创新动力，从而形成全员学习、改进先进技术的良好氛围。

二是构建多元、开放式的学习制度。中国民营企业在实施技术获取型对外直接投资时，为充分利用东道国的先进技术并加以消化、吸收，就必须构建企业内外部结合的开放式学习制度，加快以逆向技术溢出效应为代表的非体现式技术进步在生产经营中的推广和应用。

三是熟悉东道国的创新网络环境。中国民营企业在实施对外直接投资时，不但要熟悉东道国的社会文化、法律制度、市场规则等基本内容，而且还要熟悉东道国的企业文化、组织架构、管理体制、人事制度等方面，建立与东道国相似的企业组织框架，从而更快地融入东道国的市场中，为进一步获取资本和先进技术提供便利条件。

四是增强和东道国第三方中介单位与政府职能部门的协作力度。一方面需要加强与东道国政府的沟通交流与合作，及时掌握东道国政府在政策制定、发展动向等方面的信息，从而更易于得到东道国政府的支持和充分利用其优惠政策；另一方面，要加强与东道国中介机构的合作，充分利用东道国的大学、科研机构优势直接获取先进的技术，同时与东道国金融机构加强合作，拓宽融资渠道，增强企业的经济实力和研发投入。

8.2 降低民营企业对外直接投资风险的政策建议

在中国“一带一路”倡议和“走出去”战略的推动下，民营企业对外直接投资有望保持较高的增速。因此，全面提升风险防范与规避能力，这是国内民营企业开展对外直接投资活动必不可少的保证，因为对外直接投资项目面临巨大的风险，风险类型较为多样和复杂，因此应当对风险问题给予足够的关注。

而中国民营企业在实施对外直接投资经营战略时，很多本地企业均遭遇了区位、技术与行业风险。那么如何有效防范和控制民营企业对外直接投资风险成为政府和企业共同面对的课题。本节将从国家和企业两个层面探讨中国民营企业如何防范和控制对外直接投资风险的策略。

8.2.1 国家层面——构建全方位的支持与监管服务体制

国家层面应该从区位风险评估防范体系、双边保护条约、对外直接投资审计机制、直接投资投融资等诸多层面入手，建立完善的监管和保障服务体系，增强民营企业对外直接投资抵御抗击风险的能力，从而全面提升中国民营企业对外直接投资风险管理能力和水平。

(1) 建立国家层面的区位风险评估与防御系统

国家风险指的是在企业开展对外直接投资活动时，因为东道国的政治环境、法律机制等要素出现变动，极易侵害外来企业的财产及权益，主要包括东道国的政治制度或政权更迭、国内宗教矛盾激化、内战或动乱、对外关系政策的变化以及贸易保护主义等原因导致政府干预行为的变化。假如出现了国家风险，那么必然会对跨国企业运营管理形成巨大的威胁，一般会使得跨国企业在东道国难以正常地开展生产运营活动，权益遭受巨大侵害，面临不可估量的经济亏损。

现阶段，中国正处在经济转型重要期，伴随产业结构的优化和调整，使对外直接投资速度越来越快。在此时期，全球经济回升速度较慢，多极化格局导致区位风险严重滋生。国内民营企业尽管具备产权优势，然而由于缺少境外投资成功经验作为参考，对投资东道国的风险把控能力较弱，再加上现阶段国内政府职能部门并未构建对各类国家区位风险评价和防控的信息服务体制，造成开展对外直接投资的国内企业很难把控和应对在东道国面对的区位风险。假如爆发了区位风险事件，民营企业很容易因为并未采用行之有效的防控手段，很难对中国相关职能部门作出反馈，面临巨大的经济亏损。因此在笔者看来，政府职能部门应该由国家角度入手，构建完善的区位风险评价系统，为计划开展对外直接投资项目的企业提供有效的参考，使之能够逃避区位风险与政治风险，更好地开展对外投资活动，参与国际竞争。

为规避对外直接投资的国家风险，中国应当构建健全的跨国保险机制。国家担保是防御与应对对外直接投资过程中面临的国家风险的最佳工具，包含境外投资保险与担保机制等，这些机制具备极强的政策性与商业性，是全球各个国家保障境外直接投资的有效方式。境外投资保险主要是投资国防范在东道国出现政治风险而导致国内企业面临巨大亏损所设置的政府保险，但是中国海外投资保险制度尚未真正建立，保险产品范围狭窄、保费高，增加了海外投资的成本。因此，中国应面向民营企业构建完善的境外投资保险机制，增强国家财政扶持力度，尽快成立境外投资保险机构。

另外，中国也要为企业提供精准可靠的对外直接投资信息服务。现阶段，穆迪等信用评级单位均对国家风险做出了精准计量与评价，但是中国对国家风险所做的评价只存在商务部对外公布的《国家贸易投资环境报告》，覆盖的国家具有巨大的局限性，对各个国家风险所做的剖析缺乏精准度，全面性较差。所以构建完善的国家风险服务机构，对国内企业提供专门面对对外直接投资活动的一系列完善、高效的咨询服务，可

以提升国内企业对外直接投资能力，便于其做出精准决策，真正防范和应对东道国的国家风险。

（2）签订双边投资保护条约

双边投资保护条约是资本输出国与资本输入国之间所签订的，旨在鼓励、保护、保证以及促进国际私人直接投资并约定双方权利与义务关系的书面协议，无论是对资本输入国还是资本输出国都有重要的意义。近年来，随着中国企业“走出去”进程的加快，对外直接投资面临的争议越来越多，一些国内企业开始利用中国政府和投资东道国政府签订的双边投资保护条款保障企业的投资利益。

通过对外直接投资行为，能够从中收获利益的不单单是母国，对东道国而言，也可以通过投资活动得到商品、技术与税收等诸多领域的利益，因此只是依附于中国采用单一化的投资风险防御举措，难以帮助国内企业消除和规避来自东道国的区位风险，可利用国与国的沟通与往来，增强和各个国家技术开发协作力度，力争和各个境外国家政府签署保障投资的双边协议条约，以减少国内企业面对的风险压力，真正维护开展对外直接投资活动的民营企业权益。另外，中国政府应当增强和境外东道国政府以及相关国际组织的往来与沟通，建立密切合作关系，构建完善的沟通协调体制，比方说中欧战略对话、中美战略对话等，反馈出国内企业的利益保障需求，对中国企业对外直接投资中遇到的一些共性的、超越市场调节能力的问题同外方沟通协商。

因此，加强双边投资保护条约的商签和实际履行，并加强与尚未同中国签署双边协议约定的诸多经济欠发达国家的往来，可以使国内企业对外直接投资拥有切实的国际保障。同时，与制度环境较差的国家签订双边投资保护条约更为重要，可以通过与这些国家签订双边投资保护条约弥补这些国家的制度缺位，从而更加有利于中国的对外直接投资发展。切实利用好双边投资保护条约，加大宣传、普及力度，通过新闻媒体、官方网站等方式帮助企业更好地理解双边投资保护条约，使得国内民营企业开展对外直接投资项目时，切实利用双边投资保护条约维护其自身利益。此外，由于公正和公平待遇条款确定了缔约国保护投资的一种态度，在双边投资保护条约中具有重要的地位，这些条款对于保护中国企业对外直接投资的利益具有深远的影响。在过去的30多年中，中国签署的双边投资保护条约先后经历了注重维护东道国利益的保守模式、注重保护外国投资者的强保模式、兼顾东道国和外国投资者权利与义务的平衡模式，这就造成中国缔结的双边投资保护条约的一些文本条款标准较低且不统一，不利于保护投资者利益。因此中国签订的双边投资保护条约应明确立场，并在未来的双边协定推进过程中对于这些问题给予修订，这方面可以借鉴欧美国家的先进经验。

（3）改善民营企业对外直接投资审批机制

很长时间以来，海外投资项目审批是民营企业开展对外直接投资活动面临的主要阻力，具体来说体现于审批层级较多、内容复杂、涉及的部门较多、历经时间较长、流程较为复杂，这使得希望防范和应对境外投资风险的企业面临巨大的运营压力，因此，为确保“走出去”策略落到实处，降低对民营企业的审批限制，精简审批流程是大势所趋。

第一，国内政府应当构建完善的海外投资管理法律系统，伴随国内企业对外直接投资的快速发展，现有的商务部、发改委、海关等各部门规章组成的对外直接投资管理法律体系的弊端日益明显。由于各部门各自为政，这些规章之间缺乏衔接，甚至互相冲突，不具备协调性与全面性，阻碍了对外直接投资法律建设步伐，所以中国政府应当编制一致的海外投资管理法律，明确立法宗旨、投资主体、主管部门等，进而明确对外直接投资的政策导向，促进中国对外直接投资的健康发展。

第二，中国应建立统一的对外直接投资主管机构。由于目前中国对外直接投资并无统一的主管机构，一项对外直接投资往往需要取得多个部门的核准，手续烦琐，效率低下，进而加大了对外直接投资的成本。而通过建立专门的对外直接投资主管机构不仅将大大简化审批流程，提高审批效率，更能避免各部门之间的职权冲突和管理真空，有利于加强对外直接投资的宏观管理。

第三，政府可以在不涉及国际利益、安全和外交的前提下，简政放权，对确实需要多部门交叉审批的事项，应明确各部门分工和责任，加强各政府部门间的磋商和信息共享，为民营企业开展对外直接投资项目提供必要的引导，精简民营企业在所处地办理相关业务的审批流程，提升审批效率，帮助民营企业更好地消除和规避各类投资风险。

（4）解决好民营企业对外直接投资的融资难题

国内民营企业开展对外直接投资项目时，是否能筹集所需资金对其实现国际市场开发目标、扩展海外投资规模具有决定性影响。现阶段，大多数民营企业在实施对外直接投资项目时，资金获取渠道是自持资金，难以利用境内外的诸多金融单位来得到所需的发展资金。2013 年，尽管中国颁布了财政资金支持政策，然而这些政策依旧处在适应期，财政扶持力度具有最大的局限性。

国家应当为民营企业提供技术、资金、资源等诸多方面的扶持，为对外直接投资的民营企业打造良好的融资平台，减少企业由于融资困难带来的风险。其一，要强调政府层面的支持，改善资金筹集环境，完善相关机制，整合金融单位、民营企业、政府等诸多主体的力量，增强协作力度，构建完善的民营企业融资扶持系统；扩大民营企业资金筹集渠道，针对满足标准的民营企业，可允许其在国内市场中发售债券、股票等，进而筹集所需资金，更好地参与国际市场竞争；其二，适时推出对外直接投资基金制，可以采取政府引导、行业自律的方式进行，构建企业间接融通和信息交流平台，吸纳个体资金与社会资金，针对民营企业开展对外直接投资项目，设置专项扶持资金，针对发展前景广阔、平稳性较强的投资项目，提供必要的资金支持，使民营企业在参与国际市场竞争时，拥有源源不断的力量支持；其三，利用诸多渠道，加快建设民营企业信用担保体制。因为民营企业对比国企，在所有制结构、管理模式上存在明显的差别，使银行贷款给民营企业的意愿较小。为改善这一被动局面，一方面要着力加强企业自身信用机制建设，另一方面可以通过建立民营企业贷款担保机制（如政府融资平台）以解决民营企业融资难的问题。其四，可以鼓励有条件的民营企业在国外资本市场融资。中国政府可以采取一定经济手段激励民营企业勇于在国际资本市场上进行融资，尤其是在欧盟、拉美等资本市场发展完善的国家进行较为稳妥的国际融资。

8.2.2 企业层面——构建全流程的风险管控体系

为了保障民营企业对外直接投资活动有序开展，应当构建完善的风险管控系统、风险预警和评估系统，建设风险管理文化。

（1）建立健全的风险管控组织系统

其一，企业决策主体应当构建完善的风险决策系统，精准划分风险决策、实施、监管等诸多利益主体承担的职能，构建精准分工机制；其二，在企业内部成立风险管理部门，规避各个部门职能出现交叉，提升风险管控效率，引导相关主体树立风险管控观念，各司其职，由风险管控部门负担企业整体风险管理任务；其三，依据企业运作与管理现状，设置风险管理职位，确定相关人员承担的风险管理职能，将权力与责任细分到具体岗位。

（2）构建完善民营企业对外直接投资风险预警和评估系统

风险预警系统是事前约束系统，是企业实施风险管理的必要基础，对民营企业来说，利用建立完善的对外直接投资风险预警体系，能够加强其对风险的事前管理，提高企业对风险的提前预判能力，从而将风险管理的时间点前移，进而提升风险管理的水平和效果。风险预警体系作为一项系统工程，需要企业从流程改进与指标系统构建等诸多层面加以考量。其一，企业应该改进风险预警系统的流程，面对希望约束的风险，利用收集相关信息、监控风险指标变动等对风险管理部门发送预警信号，进而采用行之有效的约束举措；其二，构建完善的风险预警指标体系。风险预警体系对于风险的识别和预判是基于对各种指标定性分析和定量测算的基础上形成的，因此，指标体系的选取直接影响风险预警体系的

预测效果。作为民营企业对外直接投资风险预警体系的建设，指标体系应该涵盖国家风险、技术风险、信用风险、立法风险、运作风险等诸多维度的指标。

民营企业对外直接投资风险评估系统把风险评估工作加入企业决策与运作的各个环节里，利用风险形成原因与主要风险点，把企业面临的对外直接投资风险控制在企业可承受的范围内。风险评价包括风险辨别、分析、评估等诸多环节，风险辨别是洞察、明确风险的过程，利用企业对外直接投资行为做深入的分析，关注各环节的风险点。风险分析是在风险识别的基础上，通过定量、定性分析，考量到关键风险点出现的概率与造成的不良影响和现存制约举措的有效性。风险评估是把风险剖析结果与企业预先设定的标准进行比较、分析的过程，重点关注各风险点的量化值和排序比较。

(3) 培育形成民营企业对外直接投资风险管理文化

文化是企业软实力的重要构成部分，通过构建企业的风险管理文化，并将这种意识灌输给企业的全体员工，从而形成正确的风险管理意识，对推动民营企业对外直接投资健康发展具有重要的意义。其一，要建立健全完善的制度体系，对于对外直接投资中的重大决策、财务融资、投资并购等高风险领域，建立健全内部控制和风险管理制度，真正做到管理制度化。其二，树立全员风险管理意识。通过企业风险管理的文化的培养，使全体员工树立正确的风险管理理念，进而将风险管理意识转化为员工的自觉行动。其三，把风险管理加入绩效管理系统，将其视作企业文化建设必不可少的组成部分，能够有效提升企业的软实力，但这种效果可能短时期内难以见效，并且在价值创造上无法通过具体数字体现。因此，为使企业能够将风险管理文化建设作为一项长期的工程坚持下去，需要将对外直接投资风险管理加入绩效考评系统之内，构建完善的风险管理激励体制，加快建设风险管理文化，真正提高民营企业对外直接投资的风险管理水平。

8.3 尚待解决问题及下一步研究的方向

8.3.1 尚待解决的问题

(1) 本书由理论层面入手分析了民营企业开展对外直接投资活动中的效率问题，然而由于效率测量缺少精准的企业数据作为支撑，因此，相关分析工作具有诸多不足之处。

(2) 本书仅仅剖析了国内民营企业对外直接投资活动中存在的风险要素，基于此制定了风险防御的可行性建议，然而对建议执行程序等并未做出具体介绍。

(3) 中国民营企业对外直接投资的风险类型众多，但限于本书篇幅及研究侧重点不同，并未对其他风险展开分析。

8.3.2 未来的展望

(1) 伴随中国企业对外直接投资规模的扩展，未来民营企业对投资过程中面临的风险问题会更为关注，伴随研究力度增强，数据也会得到补充与完善，所以运用崭新的方式与数据对国内民营企业对外直接投资风险辨别与防御问题进行研究，是未来的重点。

(2) 因为国内学术界有关体现式技术进步所做的研究非常少，所以将这一模式运用到对外直接投资方面具有诸多不足之处，研究方式不够领先，研究系统不够完善，数据收集、整合仍旧存在疏漏，因此，将来要针对这些不足之处做出改善。

参考文献

中文主要参考文献：

[1] 白涛等. 投资区位、进入模式选择与海外子公司存活率之间的关系：以中国企业对外直接投资为例 [J]. 清华大学学报，2013 (2)：280-288.

[2] 白远. 中国企业对外直接投资风险论 [M]. 3 版. 北京：中国金融出版社，2012.

[3] 陈恩，王方方. 中国对外直接投资影响因素的实证分析：基于 2007—2009 年国际面板数据的考察 [J]. 商业经济与管理，2011 (8)：43-50.

[4] 陈非琼，钟芳芳. 中国海外直接投资政治风险预警系统研究 [J]. 浙江大学学报，2012 (1)：9-16.

[5] 陈菲琼，钟芳芳、陈珧. 中国对外直接投资与技术创新研究 [J]. 浙江大学学报，2013 (4)：170-181.

[6] 陈俊聪，黄繁华. 中国对外直接投资的贸易效应研究 [J]. 上海财经大学学报，2013 (3)：58-65.

[7] 陈丽丽，林花. 我国对外直接投资区位选择：制度因素重要吗：基于投资动机视角 [J]. 经济经纬，2011 (1)：20-25.

[8] 陈涛涛等. 美国投资环境的表象及其根源：对中国企业在美国投资的启示 [J]. 国际经济合作，2013 (3)：15-23.

[9] 陈思，马野青. 政治风险与中国企业对非洲直接投资 [J]. 江苏社会科学，2017 (6)：1-58.

[10] 陈岩. 中国对外投资逆向技术溢出效应实证研究：基于吸收能力的分析视角 [J]. 中国软科学，2011 (10)：61-72.

[11] 陈岩，杨恒，张斌. 中国对外直接投资动因、制度调节与地区差异 [J]. 管理科学，2012 (6)：112-120.

[12] 陈延晶. 对外直接投资的决定：动机与区位 [M]. 北京：中国经济出版社，2012.

[13] 崔娜，柳春，胡春田. 中国对外直接投资效率、投资风险与东道国制度：来自“一带一路”沿线投资的经验证据 [J]. 山西财经大学学报，2017 (4)：27-38.

[14] 杜凯，周勤. 中国对外直接投资：贸易壁垒诱发的跨越行为 [J]. 南开经济研究，2010 (2)：40-63.

[15] 杜群阳，徐臻. 中国企业海外并购的绩效与风险：评价模型与实证研究 [J]. 国际贸易问题，2010 (9)：65-71.

[16] 封福育. 人民币汇率变动对 FDI 的不对称影响分析 [J]. 统计与决策，2015 (5)：69-73.

[17] 付韶军. 东道国政府治理水平对中国 OFDI 区位选择的影响：基于“一带一路”沿线 59 国数据的实证分析 [J]. 经济问题探索，2018 (1)：70-78.

[18] 关秀丽.“十二五”时期中国企业“走出去”前景分析 [J]. 宏观经济管理，2011 (2)：11-20.

[19] 郭杰，黄保东. 储蓄、公司治理、金融结构与对外直接投资：基于跨国比较的实证研究 [J]. 金融研究，2010 (2)：76-90.

[20] 郭娟. 中国技术寻求型对外直接投资与反向技术溢出效应实证研究 [D]. 湖南大学博士学位论文，2013.

[21] 郭苏文，黄汉民. 制度距离对中国外向 FDI 的影响：基于动态面板模型的实证研究 [J]. 国际经贸探索，2010 (11)：35-43.

[22] 郭苏文，黄汉民. 我国对外贸易差异化发展的制度质量解释：基于省际面板的分析 [J]. 中南财经政法大学学报，2011 (1)：28-33.

[23] 韩剑，徐秀军. 美国党派政治与中国对美直接投资的区位选择 [J]. 世界经济与政治，2014 (8)：135-155.

[24] 韩瑞. 中国对外直接投资区位选择研究 [D]. 天津财经大学博士学位论文，2012.

[25] 洪联英，刘解龙. 为什么中国企业对外直接投资增而不强：一个微观生产组织控制视角的分析 [J]. 财贸经济，2011 (10)：95-103.

[26] 侯仕军. 跨国公司模块化发展的整合性框架及启示 [J]. 商业经济与管理，2010 (3)：27-39.

[27] 胡兵，邓富华，张明. 东道国腐败与中国对外直接投资：基于跨国面板数据的实证研究 [J]. 国际贸易问题，2013 (10)：138-148.

[28] 黄保东. 中国企业对外直接投资动机和区位的国外研究述评 [J]. 经济社会体制比较，2010 (2)：15-24.

[29] 黄武俊，燕安. 中国对外直接投资发展阶段实证检验和国际比较 [J]. 对外经济贸易大学学报，2010 (1)：67-73.

[30] 霍杰. 对外直接投资对全要素生产率的影响研究：基于中国省际面板数据的分析 [J]. 山西财经大学学报，2011 (3)：1-7.

[31] 蒋冠宏，蒋殿春. 中国对外投资的区位选择：基于投资引力模型的面板数据检验 [J]. 世界经济，2012 (9)：21-40.

[32] 蒋冠宏. 制度差异、文化距离与中国企业对外直接投资风险 [J]. 世界经济研究，2015 (8)：37-47.

[33] 阚大学. 对外直接投资的反向技术溢出效应：基于吸收能力的实证研究 [J]. 商业经济与管理，2010 (6)：53-58.

[34] 雷鹏. 中国对外直接投资战略与产业选择 [J]. 上海经济研究，2012 (6)：23-32.

[35] 李逢春. 对外直接投资的母国产业升级效应：来自中国省际面板的实证研究 [J]. 国际贸易问题，2012 (6)：124-134.

[36] 李逢春. 中国对外直接投资推动产业升级的区位和产业选择 [J]. 国际经贸探索，2013 (2)：1-9.

[37] 李洪亚，董建功. 所有制改革与 OFDI：中国的证据 [J]. 世界经济研究，2017 (2)：62-77.

[38] 李磊，郑昭阳. 议中国对外直接投资是否为资源寻求型 [J]. 国际贸易问题，2012 (2)：14-20.

[39] 李梅，柳士昌. 对外直接投资逆向技术溢出的地区差异和门槛效应：基于中国省级面板数据的门槛回归分析 [J]. 管理世界，2012 (1)：15-27.

[40] 李梅. 人力资本、研发投入与对外直接投资的逆向技术溢出 [J]. 世界经济研究，2010 (10)：69-75.

[41] 李猛，于津平. 东道国区位优势与中国对外直接投资的相关性研究：基于动态面板数据广义矩估计分析 [J]. 世界经济研究，2011 (6)：33-47.

[42] 李梅，金照林. 国际 R&D、吸收能力与对外直接投资逆向技术溢出：基于中国省际面板数据的实证研究 [J]. 国际贸易问题，2011 (10)：124-136.

[43] 李凝. 转型时期中国企业对外直接投资研究 [M]. 北京：中央编译出版社，2012.

[44] 李平，徐登峰. 中国企业对外直接投资进入方式的实证分析 [J]. 国际经济合作，2010 (5)：86-94.

[45] 林远. 中美汇率变动对两国利益有何影响 [J]. 财经科学，2014 (8)：13-20.

[46] 刘宏，张蕾. 中国 ODI 逆向技术溢出对全要素生产率的影响程度研究 [J]. 财贸经济，2012 (1)：95-100.

[47] 刘辉群，王洋. 中国对外直接投资的国内就业效应：基于投资主体和行业分析 [J]. 对外经济贸易大学学报，2011 (4)：82-87.

[48] 刘明霞. 中国对外直接投资的逆向技术溢出：基于技术差距的影响

分析 [J]. 中南财经政法大学学报，2010（3）：16-21.

[49] 刘淑琳，黄静波. 对外直接投资与企业生产率：基于中国上市公司的实证分析 [J]. 国际经贸探索，2011（2）：64-68.

[50] 刘希，王永红，吴宋. 政治互动、文化交流与中国 OFDI 区位选择：来自国事访问和孔子学院的证据 [J]. 中国经济问题，2017（4）：98-107.

[51] 刘勇. 论海外工程建设项目风险预警管理体系的建设 [J]. 当代经济 2010（3）：140-143.

[52] 刘渝琳，梅新想. 中国对外直接投资的模式选择研究 [J]. 国际经贸探索，2013（4）：61-72.

[53] 罗党论，刘晓龙. 政治关系、进入壁垒与企业绩效：来自中国民营上市公司的经验证据 [J]. 管理世界，2009（5）：37-50.

[54] 罗伟，葛顺奇. 中国对外直接投资区位分布及其决定因素：基于水平型投资的研究 [J]. 经济学（季刊），2013（4）：1443-1464.

[55] 罗忠洲. 汇率波动与对外直接投资：1971—2002 年的日本 [J]. 世界经济研究，2004（4）：346-369.

[56] 卢力平. 中国对外直接投资战略研究 [M]. 北京：经济科学出版社，2010.

[57] 吕萍，李笑然. 制度和产业基础对企业对外直接投资的影响：基于母国和东道国视角 [J]. 科学学与科学技术管理，2017（4）：45-58.

[58] 马光明. 评后金融危机时期中国对外直接投资的逆势增长：成因探析与趋势预测 [J]. 国际贸易问题，2011（9）：50-58.

[59] 马坤. 中国对外直接投资潜力研究 [M]. 北京：经济科学出版社，2010.

[60] 梅冠群. 基于日本经验的中国对外投资政策选择研究 [J]. 亚太经济，2017（2）：71-79.

[61] 孟醒，董有德. 社会政治风险与中国企业对外直接投资的区位选择 [J]. 国际贸易问题，2015（4）：106-115.

[62] 聂名华. 中国企业对外直接投资的政治风险及规避策略 [J]. 国际贸易，2011 (7)：45-49.

[63] 欧阳艳艳. 中国对外直接投资逆向技术溢出的影响因素分析 [J]. 世界经济研究，2010 (4)：66-71.

[64] 欧阳艳艳，喻美辞. 中国对外直接投资逆向技术溢出的行业差异分析 [J]. 经济问题探索，2011 (4)：101-107.

[65] 欧阳艳艳. 中国对外直接投资逆向技术溢出的境外地区分布差异性研究 [J]. 华南农业大学学报（社会科学版），2012 (1)：43-50.

[66] 裴长洪，樊瑛. 中国企业对外直接投资的国家特定优势 [J]. 中国工业经济，2010 (7)：34-41.

[67] 彭继增，邓伟，黄昕. 对外直接投资逆向技术溢出效应和吸收能力的实证检验：基于 1992-2011 年数据. 武汉金融，2013 (9)：39-42.

[68] 邱立成，王凤丽. 中国对外直接投资主要宏观影响因素的实证研究 [J]. 国际贸易问题，2008 (6)：78-83.

[69] 仇怡，吴建军. 中国对外直接投资的逆向技术外溢效应研究 [J]. 国际贸易问题，2012 (10)：140-152.

[70] 沙文兵. 对外直接投资、逆向技术溢出与国内创新能力：基于中国省际面板数据的实证研究 [J]. 世界经济研究，2012 (3)：8-13.

[71] 宋维佳，许宏伟. 对外直接投资区位选择影响因素研究 [J]. 财经问题研究，2012 (10)：26-34.

[72] 宋亚非. 跨国直接投资与中国企业国际化战略 [M]. 北京：中国财政经济出版社，2010.

[73] 隋月红，赵振华. 中国 OFDI 对贸易结构影响的机理与实证：兼论中国 OFDI 动机的拓展 [J]. 财贸经济，2012 (4)：81-89.

[74] 太平，李姣. 中国企业对东盟国家直接投资风险评估 [J]. 国际商务（对外经济贸易大学学报），2018 (1)：111-123.

[75] 谭亮，万丽娟. 中国对外直接投资与进出口贸易关系的实证分析 [J]. 重庆大学学报（社会科学版），2010 (1)：17-26.

[76] 汤婧，于立新. 我国对外直接投资与产业结构调整的关联分析 [J]. 国际贸易问题，2012 (11)：42-49.

[77] 唐礼智，刘玉. “一带一路” 中我国企业海外投资政治风险的邻国效应 [J]. 经济管理，2017 (11)：6-20.

[78] 陶攀，荆逢春. 中国企业对外直接投资的区位选择：基于企业异质性理论的实证研究 [J]. 世界经济研究，2013 (9)：74-80.

[79] 陶士贵，相瑞. 对外直接投资中的汇率影响因素：中国样本 [J]. 经济管理，2012 (5)：10-18.

[80] 田素华. 人民币汇率变动投资效应的企业特征 [J]. 世界经济，2008 (5)：44-55.

[81] 汪斌，李伟庆，周明海. ODI 与中国自主创新：机理分析与实证研究 [J]. 科学学研究，2010 (6)：926-933.

[82] 王碧珺，肖河. 哪些中国对外直接投资更容易遭受政治阻力？[J]. 世界经济与政治，2017 (4)：106-128.

[83] 王方方，扶涛. 中国对外直接投资的贸易因素：基于出口引致与出口平台的双重考察 [J]. 财经研究，2013 (4)：90-100.

[84] 王方方，赵永亮. 中国对外直接投资区位分布：贸易引致型 VS 水平型 [J]. 世界经济研究，2013 (7)：59-66.

[85] 王凤彬，杨阳. 我国企业 FDI 路径选择与 “差异化的同时并进” 模式 [J]. 中国工业经济，2010 (2)：120-129.

[86] 王刚，张朝国. 中国民营企业对外直接投资区位选择研究：以温州民营企业为例 [J]. 世界地理研究，2013 (2)：16-23.

[87] 王海军，姜磊. 国家风险与对外直接投资研究综述与展望 [J]. 首都经济贸易大学学报，2011 (5)：9-16.

[88] 王海军，齐兰. 国家经济风险与 FDI：基于中国的经验研究 [J]. 财经研究，2011 (10)：70-80.

[89] 王海军. 政治风险与中国企业对外直接投资：基于东道国与母国两个维度的实证分析 [J]. 财贸研究，2012 (1)：110-116.

[90] 王海军，宋宝琳. 中国对外直接投资的动机研究：基于市场与资源两种因素的探讨［J］. 西安交通大学学报，2013（5）：73-81.

[91] 王红，刘勇，冯山. 东道国政治风险对中国 ODI 区位选择的影响分析［J］. 浙江金融，2017（2）：22-28.

[92] 王建. 中国对外直接投资的一般均衡分析［D］. 山东大学博士学位论文，2011.

[93] 王建，张宏. 东道国政府治理与中国对外直接投资关系研究：基于东道国面板数据的实证分析［J］. 亚太经济，2011（1）：127-132.

[94] 王旭，方虹，彭博. 对外直接投资、主权信用与投资风险：基于国别样本的动态面板分析［J］. 国际贸易问题，2017（10）：153-162.

[95] 王英. 对外直接投资与中国产业结构调整［M］. 北京：科学出版社，2010.

[96] 王永钦，杜巨澜，王凯. 中国对外直接投资区位选择的决定因素：制度、税负和资源禀赋［J］. 经济研究，2014（12）：126-142.

[97] 魏浩. 中国对外贸易出口结构研究［M］. 北京：人民出版社，2010.

[98] 吴建军. 中国 ODI 技术进步效应的影响因素研究：基于东道国的分析视角［J］. 经济经纬，2013（3）：68-74.

[99] 吴建新. 外商直接投资的技术溢出效应和经济增长效应：基于动态面板数据—阶差分广义距方法的研究［J］. 山西财经大学学报，2011（3）：8-15.

[100] 谢杰，刘任余. 基于空间视角的中国对外直接投资的影响因素与贸易效应研究［J］. 国际贸易问题，2011（6）：66-74.

[101] 邢予青. 汇率与日本对华直接投资［J］. World Economic Forum，2003（6）：22-35.

[102] 熊小奇，吴俊. 中国对外直接投资产业选择与区位布局［J］. 亚太经济，2010（4）：99-102.

[103] 许和连，李丽华. 文化差异对中国对外直接投资区位选择的影响分析［J］. 统计与决策，2011（17）：154-159.

[104] 徐莉. 中国企业对外直接投资风险影响因素及控制策略研究 [J]. 山东大学博士学位论文，2012.

[105] 徐亚静，王华. 开放条件下的外商直接投资与中国技术创新 [J]. 国际贸易问题，2011 (2)：136-146.

[106] 阎大颖，任兵，赵奇伟. 跨国并购抑或合资新建：基于制度视角的中国企业对外直接投资模式决策分析 [J]. 山西财经大学学报，2010 (12)：80-87.

[107] 阎大颖. 中国企业对外直接投资的区位选择及其决定因素 [J]. 国际贸易问题，2013 (7)：128-135.

[108] 杨长湧. “十二五”时期中国对外直接投资方式研究 [J]. 宏观经济研究，2011 (2)：18-30.

[109] 杨嬛，邓涛涛. 市场距离、市场规模与中国企业对外直接投资的市场进入次序 [J]. 经济管理，2017 (9)：20-34.

[110] 杨亚平，高玥. “一带一路”沿线国家的投资选址：制度距离与海外华人网络的视角 [J]. 经济学动态，2017 (4)：41-52.

[111] 姚枝仲，李众敏. 中国对外直接投资的发展趋势与政策展望 [J]. 国际经济评论，2011 (2)：127-140.

[112] 叶亚杰. 制度距离视角下中国企业对外直接投资研究 [J]. 河南社会科学，2017 (6)：112-118.

[113] 尹国俊，杨雅娜. 企业对外投资区位选择的能力资源整合分析：以万向集团为例 [J]. 财贸经济，2012 (2)：81-88.

[114] 余道光，周石. 发展中国家对外直接投资模式的新解释：基于综合竞争阶梯模型的分析 [J]. 财贸经济，2010 (10)：11-23.

[115] 余官胜. 民营企业是对外直接投资的风险规避者吗：基于温州民营企业数据的实证研究 [J]. 国际经贸探索，2017 (1)：79-90.

[116] 余官胜. 东道国经济风险与我国企业对外直接投资二元增长区位选择：基于面板数据门槛效应模型的研究 [J]. 中央财经大学学报，2017 (6)：74-81.

[117] 余官胜，范朋真. 东道国风险、文化距离与中国企业对外直接投资［J］. 统计与信息论坛，2017（6）：86-91.

[118] 余官胜，都斌，范朋真. 中国“天生对外直接投资”企业的特征与影响因素：基于微观层面数据的实证研究［J］. 国际贸易问题，2017（10）：119-131.

[119] 于蔚. 规模扩张和效率损失：政治关联对中国民营企业发展的影响研究［D］. 浙江大学博士学位论文，2013.

[120] 岳中志，付竹，袁泽波. 中国企业 OFDI 进入模式的选择研究：基于交易成本理论的实证检验［J］. 财经论丛，2011（6）：21-26.

[121] 张春萍. 中国对外直接投资的贸易效应研究［J］. 数量经济技术经济研究，2012（6）：74-85.

[122] 张海波，俞佳根. 对外直接投资对母国的逆向技术溢出效应：基于东亚新兴经济体的实证研究［J］. 财经论坛，2012（1）：14-20.

[123] 张建刚. 中国对外直接投资的区域均衡与动机差异研究：基于省级面板数据的实证分析［J］. 商业经济与管理，2011（10）：75-81.

[124] 张萍. 中国企业对外投资的政治风险及管理研究［M］. 上海：上海社会科学院出版社，2012.

[125] 张瑞良. 中国对“一带一路”沿线国家 OFDI 区位选择研究：基于制度距离视角［J］. 山西财经大学学报，2018（3）：25-38.

[126] 张述存. “一带一路”战略下优化中国对外直接投资布局的思路与对策［J］. 管理世界，2017（4）：1-9.

[127] 张艳辉，杜念茹等. 国家政治风险对中国对外直接投资的影响研究：来自 112 个国家的经验证据［J］. 投资研究，2016（2）：19-30.

[128] 张远鹏，杨勇. 中国对外直接投资区位选择的影响因素分析［J］. 世界经济与政治论坛，2010（6）：34-46.

[129] 张远鹏，杨勇. 中国对外直接投资区位选择的影响因素分析［J］. 世界经济与政治论坛，2010（6）：12-19.

[130] 张元钊. 东道国人类发展水平、政治风险与中国企业对外投资：基于

面板 Tobit 模型的实证分析 [J]. 投资研究，2017 (4)：103-117.

[131] 赵伟，江东. ODI 与中国产业升级：机理分析与尝试性实证 [J]. 浙江大学学报（人文社会科学版），2010 (1)：1-10.

[132] 郑春霞. 中国企业对外直接投资的区位选择研究 [M]. 北京：中国社会科学出版社，2011.

[133] 周经，刘厚俊. 制度环境、公司战略导向与中国 OFDI 模式选择：基于中国微观企业数据的研究 [J]. 世界经济与政治论坛，2017 (6)：23-38.

[134] 周君，张震. "走出去"战略下中国对外直接投资的母国约束研究 [J]. 投资研究，2012 (2)：87-102.

[135] 朱华. 中国对外直接投资的发展路径及其决定因素研究 [M]. 北京：中国社会科学出版社，2012.

[136] 朱巧玲，董莉军. 西方对外直接投资理论的演进及评述 [J]. 中南财经政法大学学报，2011 (5)：26-31.

[137] 朱彤，崔昊. 对外直接投资、逆向研发溢出与母国技术进步：数理模型与实证研究 [J]. 世界经济研究，2011 (12)：5-11.

[138] 朱兴龙. 中国对外直接投资的风险及其防范制度研究 [D]. 武汉大学博士学位论文，2016.

[139] 宗芳宇，路江涌，武常岐. 双边投资协定、制度环境和企业对外直接投资区位选择 [J]. 经济研究，2012 (5)：13-18.

[140] 綦建红，杨丽. 中国 OFDI 的区位决定因素：基于地理距离与文化距离的检验 [J]. 经济地理，2012 (12)：40-46.

[141] 綦建红，李丽，杨丽. 中国 OFDI 的区位选择：基于文化距离的门槛效应与检验 [J]. 国际贸易问题，2012 (12)：137-147.

英文主要参考文献：

[1] Acemoglu, D., 2008, "Introduction to Modern Economic Growth",

Princeton NJ: Princeton University Press.

[2] Acemoglu, D., and Guerrier, V., 2008, "Capital Deepening and Non-Balanced Economic Growth", *Journal of Political Economy*, Vol. 116 (5), PP467-498.

[3] Acemoglu, D., and Dell, M., 2010, "Productivity Differences Between and within countries", *American Economic Journal: Macroeconomics*, Vol. 2 (1), PP169-188.

[4] Aggarwal, R., 1992, "Choice of foreign market entry mode: impact of ownership, location and internalization factors", *Journal of International Business Studies*, Vol. 23, PP1-27.

[5] Aggarwal, R., and Kyawna, 2010, "Capital structure, dividend policy, and multinationality: Theory versus empirical evidence", *International Review of Financial Analysis*, Vol. 19 (2), PP140-150.

[6] Aleksynska, M. and Havrylchyk, O., 2012, "FDI from the South: The Role of Institutional Distance and Natural Resources", *European Journal of Political Economy*, Vol. 29, PP38-53.

[7] Alvaro, C. C. and Mehmet, E. G., 2011, "Obligating, Pressuring and Supporting Dimensions of the Environment and the Non - Market Advantages of Developing-Country Multinational Companies", *Journal of Management Studies*, Vol. 48 (2), PP441-455.

[8] Anand, J. and Delios, A., 2002, "Absolute and Relative Resources as Determinants of International Acquisitions", *Strategic Management Journal*, Vol. 23, PP119-134.

[9] Andreas, H., and Alexander, K., 2008, "Redistributive taxation, multinational enterprises and economic integration", *European Journal of Political Economy*, Vol. 24 (12), PP249-255.

[10] Antoniou, A., Guney, Y., and Paudyal, K., 2008, "The determinants of capital structure: capital market - oriented versus bank - oriented

institutions", *Journal of financial and quantitative analysis*, Vol. 43 (1), PP59-70.

[11] Arjen, H., and Rob, J., 2009, "Cultural distance, political risk, or government quality? Towards a more accurate conceptualization and measurement of external uncertainty in foreign entry mode research", *International Business Review*, Vol. 18 (3), PP276-291.

[12] Auty, R. M., 2007, "Natural Resources, Capital Accumulation and the Resource Curse", *Ecological Economics*, Vol. 61 (2), PP627-634.

[13] Barbara, G., Joseph, W. and Erica, F., 2014, "Autocratic Breakdown and Regime Transitions: A New Data Set", *Perspectives on Politics*, Vol. 12 (2), PP313-331.

[14] Bellone, F., Musso, P. and Schiavo, S., 2010, "Financial Constraints and Firm Export Behavior", *World Economy*, Vol. 33 (33), PP347-373.

[15] Benjamin, G., 2006, "Firm Ownership Preference and Host Government Restrictions: An Integrated Approach", *Journal of International Business Studies*, Vol. 21 (1), PP1-22.

[16] Bitzer, J. and Kerekes, M., 2008, "Does Foreign Direct Investment Transfer Technology Across Borders?", *Economics Letters*, Vol. 3, PP355-358.

[17] Boschini, A., et. al., 2007, "Resource Curse or Not: A Question of Appropriability", *Scandinavia Journal of Economic*, Vol. 109 (3), PP593-617.

[18] Boubakri, N., Cosset, J. C. and Saffar, W., 2013, "The Role of State and Foreign Owners in Corporate Risk - taking: Evidence from Privatization", *Journal of Financial Economics*, Vol. 108 (3), PP641-658.

[19] Buckley, 2007, "The determinants of Chinese outward foreign direct investment", *Journal of International Business Studies*, Vol. 38 (4),

PP499-518.

[20] Buckley, P. et. al., 2008, "Historic and Emergent Trends in Chinese Outward Direct Investment", *Management International Review*, Vol. 48 (6), PP715-748.

[21] Cai, K., Fairchild, J. R., and Guney, Y., 2008, "Debt maturity structure of Chinese companies", *Pacific - Basin Finance Journal*, Vol. 3, PP268-297.

[22] Carmen, S. and Alex, M., 2016, "Outward foreign direct investment from emerging economies: escaping home country regulative voids", *International Business Review*, Vol. 2 (4), PP1-12.

[23] Chang, H., Alan, M., and Rugman, 2011, "Regional integration and the international strategies of large European firms", *International Business Review*, Vol. 6, PP25-67.

[24] Chen, F. L. and Chen, G. P., 2015, "Technology innovation's region nonlinear research: Evidence from China's OFDI", *Logistics, Informatics and Service Sciences*, Vol. 4 (1), PP1-5.

[25] Chen, V. Z., Li, J. and Shapiro, D. M., 2012, "International reverse spillover effects on parent firms: Evidence from emerging-market MNEs in developed markets", *European Management Journal*, Vol. 30 (3), PP204-218.

[26] Cheng, L. K., and Ma, Z., 2010, "China's outward foreign direct investment", University of Chicago Press.

[27] Cheng, Y. W., and Qian, X., 2009, "Empirics of China's outward direct investment", *Pacific Economic Review*, Vol. 14 (3), PP312-341.

[28] Cui, L. and Jiang, F., 2009, "FDI Entry Mode Choice of Chinese Firms: A Strategic Behavior Perspective", *Journal of World Business*, Vol, 44 (4), PP434-444.

[29] Czamitzki, D. and Licht, G., 2006, "Additionality of Public R&D

Grants in a Transition Economy: The Case of Eastern Germany", *Economics of Transition*, Vol. 14 (1), PP101-131.

[30] David, H., 2009, "Reshaping Economic Geography: The World Development Report", *Development and Change*, Vol. 40 (6), PP1269-1277.

[31] Dierk, H., 2008, "The Long-run Relationship between Outward FDI and Domestic Output: Evidence from Panel Data", *Economics Letters*, Vol. 100, PP146-149.

[32] Duanmu, J. L., 2012, "Firm Heterogeneity and Location Choice of Chinese Multinational Enterprises (MNEs)", *Journal of World Business*, Vol. 47 (1), PP64-72.

[33] Dylan, S. and John, A., 2015, "The Pitfalls of Using Foreign Direct Investment Data to Measure Chinese Multinational Enterprise Activity", *China Quarterly*, Vol. 221, PP21-48.

[34] Globergman, S., Shapiro, D., and Tang, Y., 2006, "Foreign direct investment in emerging and transition European countries", *International Finance Review*, Vol. 6, PP431-459.

[35] Han, C., Porterfield, T. and Li, X., 2012, "Impact of industry competition on contract manufacturing: An empirical study of US manufacturers", *International Journal of Production Economics*, Vol. 138 (1), PP159-169.

[36] Harry, H. and Gaetan, N., 2006, "Foreign ownership and corporate income taxation: An empirical evaluation", *European Economic Review*, Vol. 50 (4), PP1223-1244.

[37] Harry, H., and Laeven, L., 2008, "International profit shifting within multinationals: A multi-country perspective", *Journal of Public Economics*, Vol. 92 (2), PP1164-1182.

[38] Hausmann, R. and Klinger, B., 2007, "The Strcture of the Product

Space and the Evolution of Comparative Advantage", CID Working Paper, No. 1467.

[39] Hennart, J. F. and Reddy, S., 1997, "The Choice between Mergers &Acquisitions and Joint Ventures: The Case of Japanese Investors in United States", *Strategic Management Journal*, Vol. 18, PP1-12.

[40] Helpman, E., Melitz, M. and Yeaple, S. R., 2004, "Export vs. FDI", *The America Economic Review*, Vol. 94 (1), PP300-316.

[41] Hericourt, J. and Poncet, S., 2007, "FDI and Credit Constraints: Firm Level Evidence in China", *Social Science Electronic Publishing*, Vol. 33 (1), PP1-21.

[42] Hiau, L. K., 2014, "Local intermediate inputs and the shared supplier spillover of foreign direct investment", *Journal of Development Economics*, Vol. 112 (1), PP56-71.

[43] Hinrich, V., Peter, J. and Adam, R., 2010, "The Impact of Home Country Institutional Effects on the Internationalization Strategy of Chinese Firms", *Multinational Business Review*, Vol. 18 (3), PP25-48.

[44] Holburn, L. and Zhlner, F. A., 2013, "Political capabilities, policy risk and international investment strategy: evidence from the global electric power industry", *Strategic Management Journal*, Vol. 31 (12), PP1290-1315.

[45] Hoskisson, R. E., et. al., 2013, "Emerging Multinationals from Mid-Range Economies: The Influence of Institutions and Factor Markets", *Journal of Management Studies*, Vol. 50 (7), PP1295-1321.

[46] Huai, C. R. and George, S., 2008, "Foreign Acquisitions by Chinese Firms: A Strategic Intent Perspective", *Journal of World Business*, Vol. 43 (2), PP213-226.

[47] Huang, G. and Song, F. M., 2006, "The determinants of capital structure: Evidence from China", *China Economic Review*, Vol. 1,

PP14-36.

[48] Huang, Y. and Wang, B., 2011, "Chinese Outward Direct Investment: Is There a China Model?", *China & World Economy*, Vol. 19 (4), PP1-21.

[49] Huang, Y., et. al., 2017, "Does State Ownership Facilitate Outward FDI of Chinese SOEs? Institutional Development, Market Competition, and the Logic of Interdependence Between Governments and SOEs", *International Business Review*, Vol. 26 (1), PP176-188.

[50] Hurst, L., 2011, "Comparative Analysis of the Determinants of China's State-owned Outward Direct Investment in OECD and Non-OECD Countries", *China & World Economy*, Vol. 19 (4), PP74-91.

[51] Ivar, K. and Arne, W., 2012, "What Determines Chinese Outward FDI?", *Journal of World Business*, Vol. 47 (1), PP26-34.

[52] Jaime, O., et. al., 2016, "The Influence of OFDI on the Industrial Structure of Guangdong Province: An Application of the Grey Incidence Theory", *Journal of Economics*, *Business and Management*, Vol. 4, PP286-291.

[53] Jane, W. L. and Paul, W. B., "Partnering strategies and performance of SMEs' international joint ventures", *Journal of Business Venturing*, Vol. 21, PP461-486.

[54] Jay van, W. and Anil, L., 2008, "Risk and FDI flows to developing countries", *South African Journal of Economic and Management Sciences*, Vol. 11 (4), PP511-528.

[55] Jens, F. andLars, O., 2011, "Corporate financial determinants of foreign direct investment", *The Quarterly Review of Economics and Finance*, Vol. 51, PP269-282.

[56] Jinjarak, and Yothin, 2007, "Foreign direct investment and macroeconomic risk", *Journal of Comparative Economics*, Vol. 35

(3), PP509-519.

[57] Johannes, B. and Clemens, F., 2011, "Source versus residence based taxation with international mergers and acquisitions", *Journal of Public Economics*, Vol. 95 (3), PP28-40.

[58] Johannes, V., 2011, "Relocation of headquarters and international taxation", *Journal of Public Economics*, Vol. 95 (3), PP267-281.

[59] Julan, D., Yi, L. and Zhigang, T., 2008, "Economic institutions and FDI location choice: Evidence from US multinationals in China", *Journal of Comparative Economics*, Vol. 36 (3), PP412-429.

[60] Khattab, A. et. al., 2007, "Managerial Protection of Political Risk in International Projects", *International Journal of Project Management*, Vol. 25, PP734-743.

[61] Kolstad, I. and Wiig, A., 2012, "What determines Chinese outward FDI?", *Journal of World Business*, Vol. 47 (1), PP26-34.

[62] Kremer, S., Bick, A. and Nautz, D., 2011, "Inflation and growth: new evidence from a dynamic panel threshold analysis", *Empirical Economics*, Vol. 5, PP1-18.

[63] Larimo, J., 2003, "Form of Investment by Nordic Firms in World Markets", *Journal of Business Research*, Vol. 56, PP791-803.

[64] Lia, J., Roger, S. T. and Ning, L. T., 2016, "Outward foreign direct investment and domestic innovation performance", *International Business Review*, Vol. 1 (8), PP1-10.

[65] Liu, Q. and Qiu, L., 2014, "Labor Training and Foreign Direct Investment", *Review of International Economics*, Vol. 22, PP151-166.

[66] Long, C., Yang, J. and Zhang, J., 2015, "Institutional Impact of Foreign Direct Investment in China", *World Development*, Vol. 66, PP31-48.

[67] Lotte, T., 2007, "Accessing Global Value Chains? The Role of Business

State Relations in the Private Clothing Industry in Vietnam", *Journal of Economic Geography*, Vol. 7 (6), PP753-776.

[68] Luc, A., Julie, L. G. and Hubert, J., 2008, "Spatial Panel Econometrics", *Advanced Studies in Theoretical and Applied Econometrics*, Vol. 26 (2), PP625-660.

[69] Luo, Y. L. and Wang, S. L., 2012, "Foreign Direct Investment Strategies by Developing Country Multinationals: A Diagnostic Model for Home Country Effects", *Global Strategy Journal*, Vol. 2 (3), PP244-261.

[70] Lutz, K. and Carter, R. C., 2006, "International supply relationships and non-financial performance-A comparison of U. S. and German practice", *Journal of Operation Management*, Vol. 24 (5), PP653-675.

[71] Lyandres, E., 2006, "Capital Structure and Interaction among Firms in Output Markets: Theory and Evidence", *The Journal of Business*, Vol. 79 (5), PP2381-2421.

[72] Marcin, K. andMichal, R., 2010, "Firms in the great global recession: the role of foreign ownership and financial dependence", *Emerging Markets Review*, Vol. 11, PP341-357.

[73] Marco, D. and Marina, D. G., 2011, "Entrepreneurship, firm entry, and the taxation of corporate income: Evidence from Europe", *Journal of Public Economics*, Vol. 95, PP1048-1066.

[74] Mathews, J., 2006, "Dragon Multinationals: New Players in 21st Century Globalization", *Asia Pacific Journal of Management*, Vol. 23 (1), PP5-27.

[75] Meschia, P. and Riccio, R., 2008, "Country risk, national cultural differences between partners and survival of international joint ventures in Brazil", *International Business Review*, Vol. 17 (3), PP250-266.

[76] Meyer, K. E., et. al., 2014, "Overcoming Distrust: How State-owned

Enterprises Adapt Their Foreign Entries to Institutional Pressures Abroad", *Journal of International Business Studies*, Vol, 45 (8), PP1005-1028.

[77] Nigel, D., Love, J. H. and Yong Y., 2016, "Reverse international knowledge transfer in the MNE", *Research Policy*, Vol. 45, PP491-506.

[78] Nishyiama, H. and Yamaguchi, M., 2013, "Technological constraints, firm heterogeneity and location choice of multinational enterprises", *Review of International Economics*, Vol. 21 (5), PP996-1005.

[79] Nocke, V. and Yeaple, S., 2008, "An Assignment Theory of Foreign Direct Investment", *Review of Economic Studies*, Vol. 75 (2), PP529-557.

[80] Panagariya, A., 2011, "A Re - examination of the Infant Industry Argument for Protection", *The Journal of Applied Economic Research*, Vol. 5 (1), PP7-30.

[81] Papyrakis, E. and Gerlagh, R., 2007, "Resource Abundance and Economic Growth in the United States", *European Economic Review*, Vol. 51, PP1011-1039.

[82] Pavlinek, P., Domanski, B. and Guzik, R., 2009, "Industrial Upgrading Through Foreign Direct Investment in Central European Automotive Manufacturing", *European Urban and Regional Studies*, Vol. 16 (1), PP43-63.

[83] Peng, Y. L. and Klaus, E. M., 2009, "Contextualizing experience effects in international business: A study of ownership strategies", *Journal of World Business*, Vol. 44, PP370-382.

[84] Peter, E., Wolfgang, E. and Hannes, W., 2010, "Saving tax through foreign plant ownership", *Journal of International Economics*, Vol. 81, PP99-108.

[85] Ping, D., 2009, "Why Do Chinese Firm Tend to Acquire Strategic

Assets in International Expansion?", *Journal of World Business*, Vol. 44 (1), PP74-84.

[86] Pradhan, J. P. and Singh, N., 2009, "Outward FDI and Knowledge Flows: A Study of the Indian Automotive Sector", *Institutions and Economies*, Vol. 1, PP156-187.

[87] Raff, H., Ryan, M. andStahler, F., 2009, "The Choice of Market Entry Mode: Greenfield Investment, M&A and Joint Venture", *International Review of Economics and Finance*, Vol. 18, PP3-10.

[88] Ramasamy, B., Matthew, Y. and Sylvie, L., 2012, "China's Outward Foreign Direct Investment: Location Choice and Firm Ownership", *Journal of World Business*, Vol. 47 (1), PP17-25.

[89] Shao, L. L. and Hsieh, A., 2010, "International strategy implementation: Roles of subsidiaries, operational capabilities, and procedural justice", *Journal of Business Research*, Vol. 63, PP52-59.

[90] Simmons, B. A., 2014, "Bargaining over BITs, Arbitrating Awards: The Regime for Protection and Promote of International Investment", *World Politics*, Vol. 66 (2), PP12-46.

[91] Simson, J., 1982, "External debt, capital flight and political risk", *Journal of International Economies*, Vol. 11, PP199-220.

[92] Siotis, G., 1999, "Foreign Direct Investment Strategies and Firm's Capabilities", *Journal of Economics & Management Strategy*, Vol. 2, PP251-270.

[93] Smeets, R. and Bosker, E., "Leaders, Laggards and Technology Seeking Strategies", *Journal of Economic Behavior & Organization*, Vol. 80 (3), PP481-497.

[94] Sonal, S. P., 2010, "Labor Markets and the Demand for Foreign Direct Investment", *International Organization*, Vol. 64 (3), PP389-409.

[95] Stephen, C., Helen, V. M. and Xu P., 2015, "International Systems

and Domestic Politics: Linking Complex Interactions with Empirical Models in International Relations", *International Organization*, Vol. 69 (2), PP275-309.

[96] Stoian, C., 2013, "Extending Dunning's Investment Development Path: The Role of Home Country Institutional Determinants in Explaining Outward Foreign Direct Investment", *International Business Review*, Vol. 22 (3), PP615-637.

[97] Sun, S. L. and Peng, M. W., 2015, "Institutional Open Access at Home and Outward Internationalization", *Journal of World Business*, Vol. 50 (1), PP234-246.

[98] Sutherland, D., 2009, "Do China's 'national team' business groups undertakes trategic - asset - seeking OFDI", *Chinese Management Studies*, Vol. 3 (1), PP11-24.

[99] Tavitiyaman, P., Qu, H. and Zhang, H. Q., 2011, "The impact of industry force factors on resource competitive strategies and hotel performance", *International Journal of Hospitality Management*, Vol. 30 (3), PP648-657.

[100] Terhi, J. V. and Markus, P., 2010, "Portfolio management of strategic alliances: An international business perspective", *International Business Review*, Vol. 19, PP247-260.

[101] Tim, B. and Helen, V. M., 2014, "Foreign Direct Investment and Institutional Diversity in Trade Agreements: Credibility, Commitment and Economic Flows in the Developing World, 1971-2007", *World Politics*, Vol. 66 (1), PP88-122.

[102] Todd, A. and Clint, P., 2011, "Contingent Credibility: The Impact of Investment Treaty Violations on Foreign Direct Investment", *International Organization*, Vol. 65 (3), PP404-406.

[103] Trax, M., 2011, "Productivity and the Internationalization of Firms:

Cross - border Acquisitions versus Greenfield Investment", RGE Working Paper, No. 17.

[104] Trevor, B., Xiaohui, L. and Ursula, O., 2010, "Long - term orientation and international joint venture strategies in modern China", *International Business Review*, Vol. 19, PP223-234.

[105] Uche, E. O., 2013, "Africa-China Bilateral Investment Treaties: A Critique", *Michigan Journal of International Law*, Vol. 35 (1), PP131-211.

[106] Voss, H., Buckley, P. J. and Cross, A. R., 2010, "The impact of home country institutional effects on the internationalization strategy of Chinese firms", *Multinational Business Review*, Vol. 18 (3), PP25-48.

[107] Wang, C. and Hong, J., 2012, "What Drives Outward FDI of Chinese Firms? Testing the Explanatory Power of Three Theoretical Frameworks", *International Business Review*, Vol. 21 (3), PP425-438.

[108] Wang, H., Liu, H. F. and Cao, Z. Y., 2016, "FDI technology spillover and threshold effect of the technology gap: regional differences in the Chinese industrial sector", *Springer Plus*, Vol. 5 (323), PP1-12.

[109] Wang, J. and Wang, X., 2015, "Benefits of Foreign Ownership: Evidence from Foreign Direct Investment in China", *Journal of International Economics*, Vol. 97 (2), PP325-338.

[110] Wang, Q. Y., 2015, "Fixed-effect Panel Threshold Model Using Stata", *The Stata Journal*, Vol. 15 (1), PP121-134.

[111] Winkler, D. E., 2013, "Potential and Actual FDI Spillovers in Global Value Chains: The Role of Foreign Investor Characteristics, Absorptive Capacity and Transmission Channels", World Bank Policy Research Working Paper, No. 6424.

[112] Xu, Y. H., and Hu, S. H., 2011, "FDI Entry Mode Choice of Chinese Enterprises: The Impacts of Country Risk, Cultural Distance

and Their Interactions", *Frontiers of Business Research in China*, Vol. 5 (1), PP63-78.

[113] Ying, H. and Brenda, S., 2007, "Retailers' foreign market entry decisions: An institutional perspective", *International Business Review*, Vol. 16, PP613-629.

[114] Yothin, J. J., 2007, "Foreign Direct Investment and Macroeconomic Risk", *Journal of Comparative Economics*, Vol. 35, PP509-519.

[115] You, K. F. and Solomon, O. H., 2015, "China's outward foreign direct investment and domestic investment", *China Economic Review*, Vol. 34, PP249-260.

[116] Zhang, X. X. and Kevin, D., 2011, "The determinants of China's outward foreign direct investment", *Emerging Market Review*, Vol. 12, PP389-398.

[117] Zheng, Y., 2011, "Credibility and Flexibility: Political Institutions Governance and Foreign Direct Investment", *International Interactions*, Vol. 37 (3), PP293-319.